eビジネス新書

No.327

# 週刊東洋経済

JN036211

# 中国 危うい超大国

週刊東洋経済 eビジネス新書 No.327

# 中国 危うい超大国

本書は、東洋経済新報社刊『週刊東洋経済』2019年10月5日号より抜粋、加筆修正のうえ制作しています。情報は底本編集当時のものです。（標準読了時間 90分）

中国　危うい超大国　目次

2049年に迎える建国100周年

# 世界をリードする超大国への試練

2019年10月1日の国慶節（建国記念日）に、中国の習近平（シー ジンピン）国家主席は共産党の最高幹部たちを従えて北京・天安門の望楼にのぼった。70年前のこの日、毛沢東が中華人民共和国の成立を宣言した場所だ。

国慶節を平穏に迎えることは、中国指導部にとって最大の関心事の1つだった。米中貿易摩擦、逃亡犯引き渡し条例に端を発した香港の騒乱、さらに国内経済の深刻な減速――。それらが中国社会の不安定要因になるのを防ぐため、あらゆる努力を払ってきたのだ。

だが建国70周年は通過点にすぎない。2021年の共産党創立100周年を経て49年に迎える建国100周年こそ、中国指導部が見据える到達点だ。この段階までに、「社会主義現代化強国」となり、総合的な国力と影響力で国際社会をリードするとしている。

目指すところは、米国に代わる超大国になることだ。中国は30年までには経済規模で米国をしのぐとの見方が強く、その経済力を背景にして軍事や技術でも世界トップの座を狙うだろう。

しかし、中国が世界をリードする超大国になるには、不透明な要素があまりに多い。中国は広域経済圏構想「一帯一路」などで周辺国とのウィンウィン関係の構築をうたう。しかし、苛烈な言論統制の下での共産党による強権政治や対外強硬政策、新疆ウイグル自治区などでの少数民族弾圧など、危うさを抱えたまま膨張する中国は周辺に不安をまき散らしている。香港での騒乱はその象徴といえ、ここから東アジアに緊張が広がるリスクも懸念される。

## 高まる民間の存在感

経済面では米中貿易摩擦の影響を防ぐための景気対策が必須だが、それは過剰債務問題の深刻化と表裏一体だ。舵取りを誤れば、世界経済への波及は不可避である。

一方で、中国経済が規模の拡大のみならず独自のイノベーションで質的転換を遂げつつあることも見逃せない。ビッグデータを集め活用するうえで、中国の権威主義体制には有利な面もある。こうした環境下、華為技術（ファーウェイ）のように、最先端技術で世界をリードする企業も出始めた。

国家主導の色彩が強い中国経済だが、民営企業の存在感は確実に高まっている。中国が大きく変わる可能性を探すなら、その芽は民間にあるだろう。そこで安定な超大国の先行きを見通すうえで重要な経営者と、企業のデータを満載した。

（西村豪太）

【重慶ルポ】「デジタル脱米」の野望

## 一帯一路とデジタル空間で縄張りを広げる

入店客を瞬時に認識して人物を特定する顔認証システム、人や車の動きなど、あらゆるデータを24時間取り込み続けるスマート都市管理システム——。中国の重慶で2019年8月下旬に開催された「2019国際スマート産業博覧会」で見たのは、便利さと引き換えに個人情報を徹底的に吸い上げることを前提にした、不気味なハイテク空間だった。

この博覧会が開かれるのは18年に引き続いて2回目。東京ドーム約4個半分、21万平方メートルの広大な会場には、中国のIT業界を代表するアリババグループや騰訊（テンセント）をはじめ、米国政府が恐れる通信機器最大手のファーウェイや音声認識AI（人工知能）で世界屈指の技術力を誇る科大訊飛（アイフライテック）、液晶パネルのシェアで世界トップクラスの京東方科技集団（BOE）など843社が出展。各社は5G（次世代移動通信規格）やAI、IoT、自動運転などの最先端技術を駆使した製品やサービスを競うように披露し、4日間累計で80万人余りの来場者を魅了した。会場は40度近い外気温に勝るとも劣らない熱気に包まれていた。

## 米国の不在が際立つ

初日の国際フォーラムではアリババ創業者の馬雲（ジャック マー）氏が「以前はこうした集まりは、みな基本的に米国のシリコンバレーで開催され、技術研究の進歩を象徴してきた。それが中国の西南地域で開かれたことは、社会の進歩を表している」と語った。

2018年は米半導体大手・クアルコムのクリスチャーノ・アモン社長が各所で演説したが、米中貿易摩擦の下で19年は中国法人のトップを派遣するだけにとどめ、出展も見送った。ほかもインテルやグーグルがやや目立った程度だった。

開幕式では、米中貿易交渉のキーマンである劉鶴（リウ ホー）副首相が「米国を含む世界各国の企業が中国で投資し、経営することを歓迎する」と述べたが、肝心の米国企業にどれだけ響いたか。

国を挙げた大規模国際イベントのスマート博覧会が、北京や上海ではなく内陸の重慶で開かれているのには理由がある。

長江の上流域に位置する重慶は、習近平政権が提唱する広域経済圏構想「一帯一路」の重要なハブの1つである。

習国家主席は視察のため、19年4月に重慶市内の農村を訪問。北はシルクロード経済ベルト（一帯）、南は21世紀海上シルクロード（一路）につながり、国内的には長江経済ベルトの要である——。重慶の優位性をそう指摘した。欧州とは貨物鉄道の「中欧班列（チャイナ・レールウェイ・エクスプレス）」で連結されているほか、東南アジアにはシンガポールまで鉄道と海路による「国際陸海貿易新ルート」を建設する計画だ。

それだけの要地である重慶だが、習政権にとっては鬼門だ。かつて重慶は習主席のライバルだった薄熙来（ボー シーライ）・元重慶市党委員会書記の独立王国といわれ、彼の失脚後に跡を継いだ孫政才（スン チョンツァイ）氏も汚職の疑いで職を追われた。

この難治の地を任されたのは、習主席が浙江省党委書記だった際の部下で、後継主席候補の筆頭格とされる陳敏爾（チェン ミンアル）氏だ。同氏は前職の貴州省トップ時代に、経済発展が遅れていた同省に米アップルのデータセンターを誘致、ビッグデータの一大集積都市に変貌させた実績を持つ。

従来は製造業が中心だった重慶だが、最近は自動車、パソコン組み立ての成長が鈍化。そこでデジタル分野での飛躍を期待されている。こうした地理的・政治的背景から重慶は、「新しい取り組みを最初に行う実験都市の役割を担っている」（ジェトロ成都事務所の田中一誠所長）のだ。

これまで中国の発展を牽引してきたのは沿海部だったが、重慶は一帯一路とデジタル化で内陸の成長を促すという壮大な実験を担うことになる。

## 世界各国が中国に接近

その最有力のパートナーがシンガポールだ。スマート博覧会でもシンガポール館の展示規模は前年の2倍となり、国別では最大。経営者も70人以上が訪中した。同国のデータ分析企業、FutureMap の創業者であるパラグ・カンナ氏は「アジアは1つのシステムになるべき。そのために一帯一路は重要だ」と語った。

人材開発相のジョセフィン・テオ氏は、「重慶とシンガポールは、実物貿易やデジタル貿易の面で多くの喜ばしい成果を上げてきた」と発言するなど、金融やサービス面での中国との協力関係をフォーラムで繰り返し強調した。

スマート博覧会終了後の9月中旬には、陳書記がシンガポールを訪問してリー・シェンロン首相と会談。重慶と隣接する四川省の成都から広西チワン族自治区の北部湾までを鉄道で結び、そこから海路でシンガポールまでつなげる国際陸海貿易新ルート構想の推進を確認した。2025年までにインフラをほぼ完成させる計画だ。

欧州各国も前のめりだ。中国が主導するアジアインフラ投資銀行（AIIB）への参加を先進国で最も早く表明した英国からは、国際通商省のグラハム・スチュアート政務次官が参加。「40社・100人超を連れてきた。英中関係黄金時代の新たな発展を推進したい」と鼻息荒く語った。

2019年3月に一帯一路構想に関する中国との覚え書きを、先進国として初めて交わしたイタリアは、1日かけて自動車のビッグデータやスマート交通に関するフォーラムを開いた。狙いは、中国との貿易や技術交流の拡大だ。

その動向をウォッチする日本政府関係者は、「(経済的に)苦しい国ほど、デジタル分野で中国にすがりつこうとしている」とみる。

ロシアやアフガニスタンなど、中国を中心とした地域協力機構「SCO(上海協力機構)」の関係国も積極的だ。中国の米国離れ、アジア・欧州の中国接近の流れは数字にも表れ始めている。

## ■ 対米貿易縮小の反面、対EU・ASEANは拡大
—中国の輸出入額（2019年1〜6月）と前年同期比増減率—

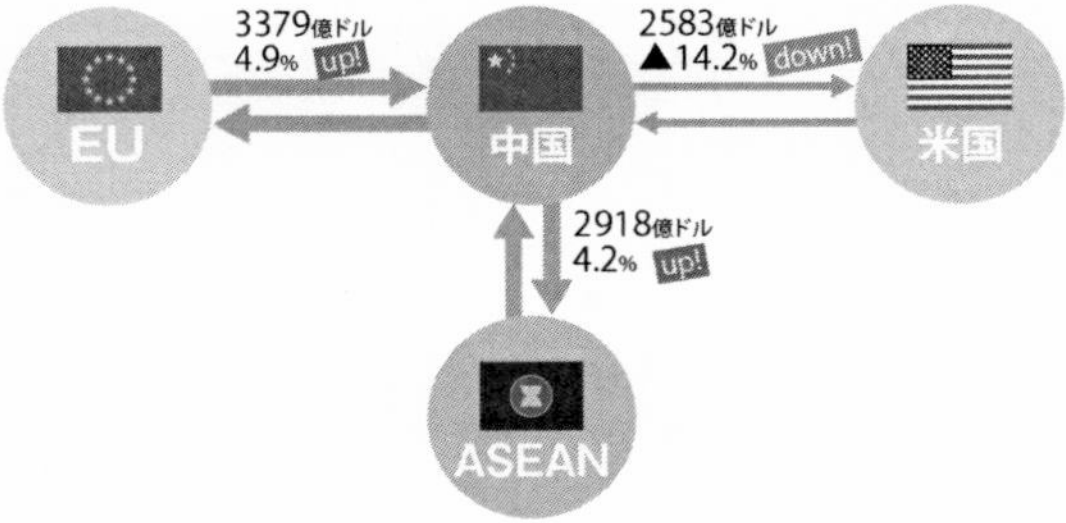


（注）輸出と輸入の合計額、▲はマイナス
（出所）中国海関総署「2019年6月進出口商品主要国（地区）別総値表」を基に本誌作成

一帯一路の周辺国に対する影響力を強めつつある中国だが、デジタル分野において物理的な距離は関係ない。そのため、中南米など、これまで一帯一路の範囲外と思われてきた国々を含めて中国が影響力を拡大しているのだ。

8月29日、スマート博覧会の閉幕と同時に上海で開幕した「世界AI大会」で、中国の科学技術部は「国家次世代AIオープンプラットフォーム」を発表。新たに10社をAI開発の重点育成企業に指定した。そこには、ファーウェイをはじめ、監視カメラ世界最大手のハイクビジョンなど、米国から問題視されている企業が並ぶ。ファーウェイ向けにグーグルが基本ソフトの提供を一部やめるなど、米国側は自国の技術から中国勢を遮断しようと図る。それに対抗して、中国側も独自のデジタル経済圏の構築に着手している。そこでは、プライバシー保護をはじめとして、これまで西側のネット空間で前提とされていた約束事は必ずしも尊重されない。

中国政府は、ヘルスケアやスマートシティーなどでのAI研究開発を全面的にバックアップ。その結果生み出される最先端のシステムやプラットフォームを南米やアフリカ大陸を含めた全世界に展開し、「デジタル覇権国」の座を狙う。中国の膨張は静かに、しかし着実に続いている。

（中山一貴）

## 「米国超え」後の正念場

中国経済の減速が顕著になっている。足元では工業生産など主要指標が大きく悪化しており、2019年の経済成長率は18年の6・6%を下回る6%強に低下、20年には6%を下回るとみるエコノミストも多い。

中国の生産年齢人口は、国連の最新の推計では2015年に10億2200万人でピークを打った。また10年を境に、生産年齢人口比率は減少に転じている。労働力の供給増が成長の要因として期待できなくなり、今後の成長率は低下傾向をたどるとみるのが自然だ。

成長のペースを緩めても、中国のGDP（国内総生産）は30年までには米国と逆転する可能性が高い。次図は三菱総合研究所の予測だが、16年から20年にかけて

6・5%あった年平均実質成長率が26～30年には4・1%まで落ちるという前提でも、20年代後半には「米中逆転」が起きるという。

## ■ 2030年までには米中GDPは逆転か？

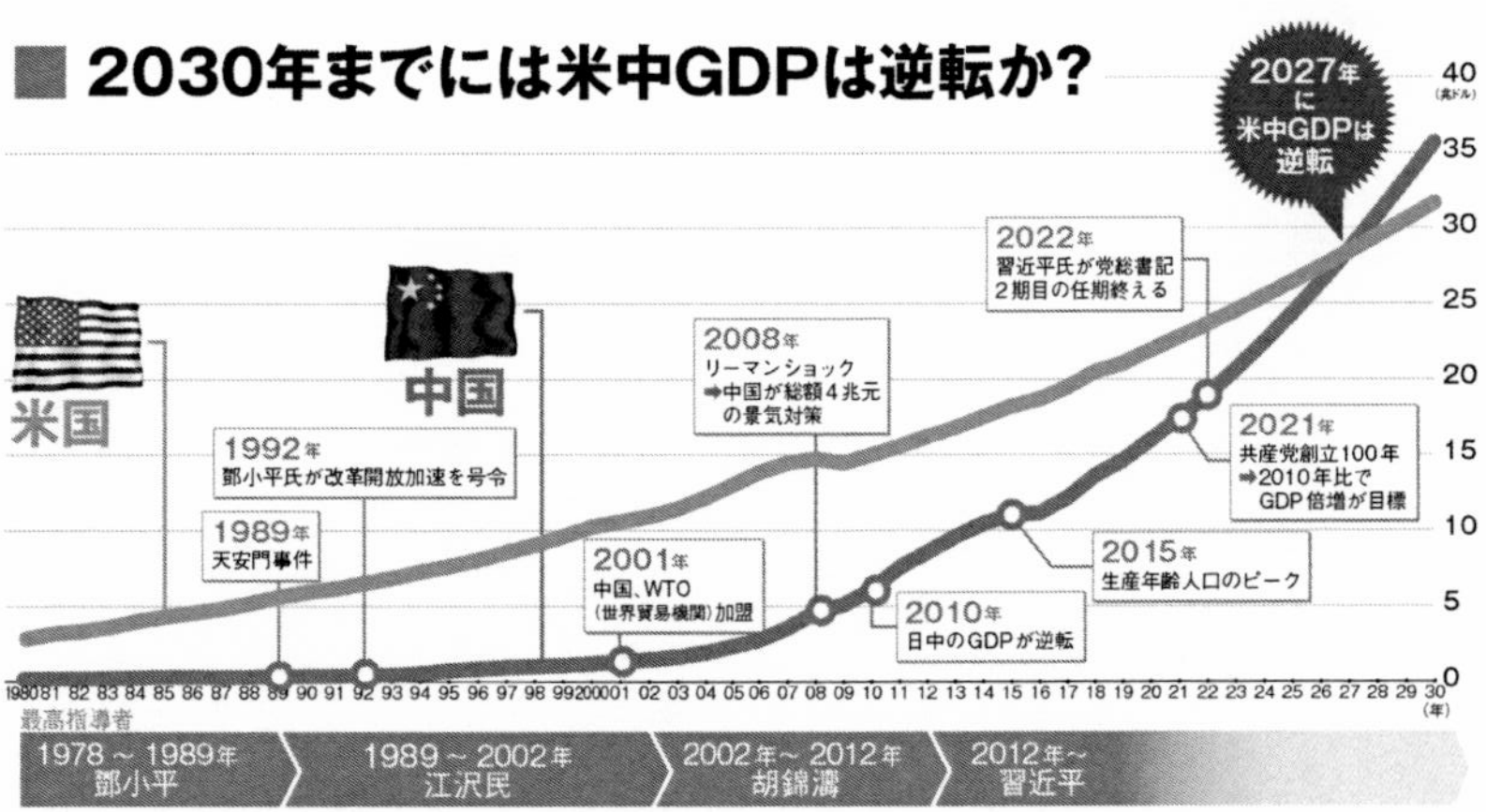


(注)中国と米国の名目GDP推移。2019年以降は三菱総合研究所の予測

## 問題は「逆転」の先に

問題はその先だ。2030年は中国の総人口が減少に転じるとみられるタイミングでもある。移民の流入が続く限り、米国では引き続き人口が増えるとみられる。さらにインドの人口も27年ごろ中国を抜く見込みだ。経済の「チャイナ・アズ・ナンバーワン」の継続は、中国の成長率次第だ。

「米国超え」の後の中国はどういう道を歩むべきか。30年以降を見据えて警告を発した報告書が9月17日に北京で発表された。中国政府のシンクタンクである国務院発展研究中心（DRC）が世界銀行と共同でまとめた「イノベーティブ・チャイナ」だ。

この報告書は、これまでの経済成長を支えてきた人口ボーナスなどの条件が失われる中で、中国が成長を続けるには生産性の向上が決定的に重要だと指摘した。

実質成長率から資本および労働の投入量の増加による伸び率を差し引いた残りを「全要素生産性（TFP）」という。技術の進歩や生産の効率化など、資本や労働の量的変化では説明できない部分の寄与度を示す概念だ。

報告書の分析では、2008年のリーマンショックまでの10年間は平均3・51%あったTFP上昇率が、リーマンショック後の10年間は1・55%に低下した。以前は生産性上昇の主因だった新規参入の減少が大きく影響した。背景には、リーマン後に過剰設備問題が生じ、新規参入の意欲をそいだことなどがある。13年には李克強（リー　クーチアン）首相が「大衆創業」と称する起業キャンペーンを大々的に開始したが、現時点ではその効果は限定的だ。

TFPを高めるための処方箋として示されたのが、①土地や労働力、資金などの資源を効率的に配分するための規制改革、②先進技術やイノベーションの普及を加速させること、③新技術や新発明によって中国の生産力を引き上げること、の3つである。

報告書では、こうした改革の進捗によって、30年以降の成長率は大きく変わると予測されている。改革が全面的に進展した場合は30年代の成長率も4%台を保てるが、部分的な改革にとどまった場合は1%台に落ち込む見通しだ。後者でも40年代には成長率は上向くことになっているが、その理由ははっきりしない。

## ■2030年以降の成長は改革次第
—中国の実質経済成長率(年率)の長期予想—

| | 2011〜2020年 | 2021〜2030年 | 2031〜2040年 | 2041〜2050年 |
|---|---|---|---|---|
| 全面的な改革 | 7.2% | 5.1% | 4.1% | 3.0% |
| 穏健な改革 | | 5.1% | 2.9% | 2.2% |
| 部分的な改革 | | 4.0% | 1.7% | 2.3% |

(出所)中国国務院発展研究中心、世界銀行

世銀とDRCは、2012年2月にも「2030年の中国」と題するリポートを発表している。このときは16~20年の成長率は7・0%、21~25年は5・9%、26~30年は5・0%と予測されていた。今回の予想では全般に下方修正されたことになる。

このときの中心テーマは「中所得国のわな」だった。低所得国から発展してきた国が、高所得国（世銀の定義では1人当たり国民総所得が1万2000ドル以上）になれず、長期停滞を強いられる状況を指す。

その状況を打開するための改革案のうち、最大のものは「市場経済への移行を完了させること」だった。国有企業の役割の見直しや、特定産業における独占企業の解体、中小企業の金融環境の改善といったことだ。

当時は習近平政権の発足を控えた時期で、新政権の下で市場経済化が一気に進むのではないかという期待が高まっていた。「2030年の中国」について、中国では「政府内の市場経済推進派が、世銀の口を借りて意見を表明した」という見方が一般的だった。

現実の習政権は、発足時点では「市場に決定的な作用を果たさせる」としていたものの、程なくして国有企業同士を合併させて超大型企業をつくるという路線に転換。特定産業の成長を補助金などで支える「中国製造2025」など、当初期待されていたのとは逆の方向に走っている。

「イノベーティブ・チャイナ」では、国有企業改革についてのトーンがかなり落ちた。共産党と国有企業が一体となった既得権益層の抵抗の強さをうかがわせる。7年前の宿題はまだ終わらない。

国の関与の拡大を外資系企業もひしひしと感じている。ある日系電機メーカーの中国事業トップは「中国政府が補助金を出す分野には手を出さない」という。「中国企業は工場用地からして無料なのだから、勝負にならない」(同)。

日本のある財界人は、2019年春に中国の閣僚級の要人から「足元のTFPの伸びが極めて低いことを憂慮している」と打ち明けられた。この要人は、米国が離脱した後のTPP(環太平洋経済連携協定)、いわゆるTPPイレブン参加への関心も併せて示していたという。

中国にとって国有企業改革は最大の課題の1つだが、あえて外圧を使ってそれを進めようという発想が経済テクノクラートの一部には根強くある。こうした系統のTPP参加論は以前から中国にあったが、再燃しているのは経済改革の突破口を求めてのことだろう。

もともと米オバマ政権がTPPの発効を急いだのは、中国には容易にクリアできないルールをアジア太平洋地域の標準にして、米国の主導権を確立するためだった。具体的には、外国企業に対する中国への技術移転強制や自国の国有企業への優遇策をやめさせることだ。同じ目的を、制裁関税を武器にした2国間交渉で遂げようとしているのがトランプ米大統領である。習政権はそれに徹底抗戦する構えだが、実は自国のテクノクラートが考える改革のメニューにも米国の要求と重なるところが多い。なかなか皮肉な構図だ。

## 都市化と高齢化が加速

これからの中国では都市化がさらに進む。2000年代の実績を前提に予測すれば、2050年には都市人口が全体の8割に達する見通しだ。これに伴って、30年の段階で中国には人口1000万人超えのメガシティーが8つも誕生する。都市化の過程で、より生産性の高いセクターに労働力を移動させられれば成長にはプラスになる。ただ、環境への負荷軽減などへの手当ては必須だ。

一方で、高齢化への対策はより重要になる。2050年の時点では、全人口に占める65歳以上の比率で中国は先進国を上回る見通しだ。

労働力の制約が強まる中で、中国はロボットの活用など、先端技術で生産力を高めざるをえない。ハイテク分野で米国企業との取引から締め出されるのは大きな痛手となる。それだけに、現在の自主開発への取り組みは不退転のものになるほかない。

## ■ 2050年には都市人口が圧倒的に

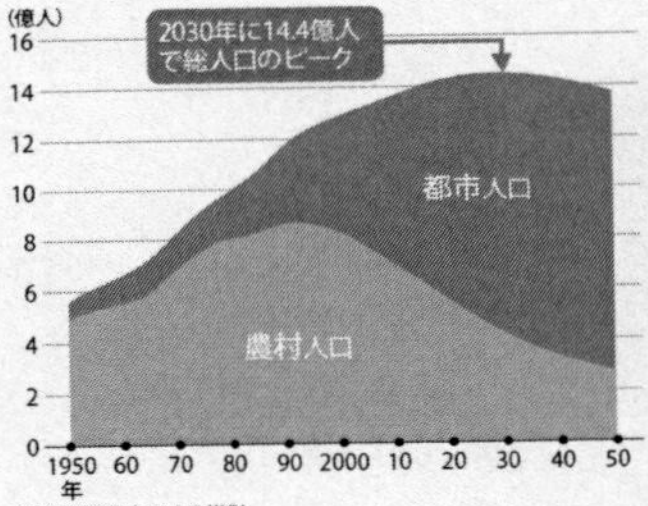


(注)国際連合による推計

**1000万人超えの都市が2030年には8つに**

| 都市名 | 2030年の人口(万人) | 18年以降の年平均伸び率 |
|---|---|---|
| 上海 | 3,286 | 2.1% |
| 北京 | 2,428 | 1.8% |
| 重慶 | 1,964 | 2.3% |
| 広州 | 1,602 | 2.0% |
| 天津 | 1,574 | 1.5% |
| 深圳 | 1,453 | 1.7% |
| 南京 | 1,101 | 2.4% |
| 成都 | 1,072 | 1.6% |
| 西安 | 998 | 2.4% |
| 武漢 | 961 | 1.3% |

## ■ 高齢化対策は待ったなし ―中国と先進国の高齢化率―

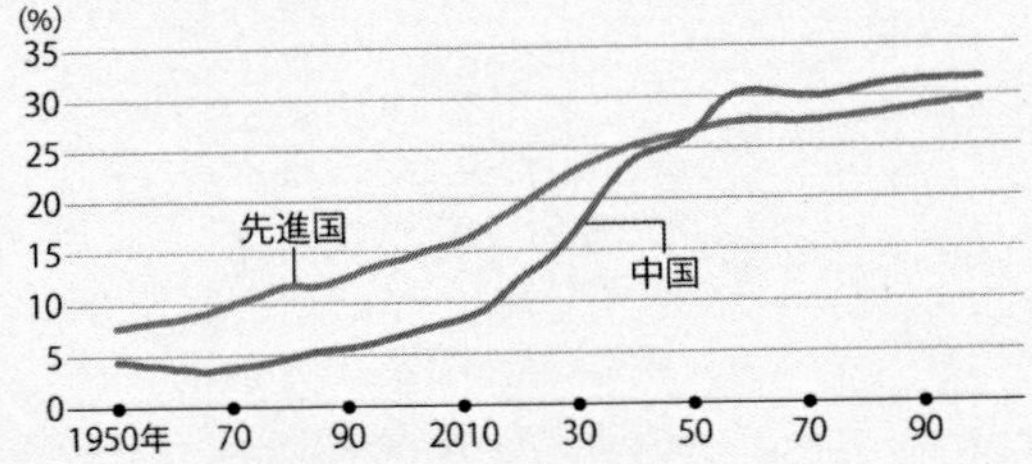


(注)ともに全人口に占める65歳以上の比率
(出所)国連のデータを基に亜細亜大学の大泉啓一郎教授作成

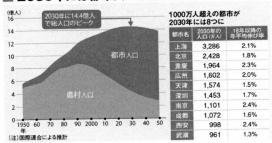

米国との対立が明確になった現在、人民元の国際通貨化に中国はいよいよ本腰を入れてくるだろう。米ドルを使っている限り、決済の首根っこを米国に押さえられてしまうからだ。

主要通貨との連動性の高さで各国通貨を分類すると、「人民元ブロック」と見なせる国はすでにかなり広範囲に広がる。

アジアの周辺国に限らず、ロシア、ブラジルなど中国が1次産品を買っている国に人民元の影響が広がっている様子が見て取れる。現時点ではほとんどのケースでドル決済しているはずだが、今後は一帯一路の沿線国を含め人民元での決済を広げていくことだろう。

経済規模での「米中逆転」が実現すれば、次は技術、軍事を含めた総合力の勝負だ。この対立構造は容易には変わるまい。しかし米国が主導する世銀を「外圧」に使うような中国内部の力学が示すとおり、両国はお互いを利用してもいる。21世紀の超大国のゲームはなかなか複雑だ。

（西村豪太）

INTERVIEW　米国は反中一色ではない

# 中国の言論統制は限界に

米ハーバード大学名誉教授・エズラ・ヴォーゲル

「中国は敵ではない」。トランプ米大統領などに宛てた公開書簡が、2019年7月3日付の米ワシントン・ポスト紙に載った。執筆者の一人であるエズラ・ヴォーゲル氏は米中関係をどうみるか。

トランプ氏の大統領就任以降、米国の対中政策は強硬さを増した。その背景には、中国は（1949年の建国以来）2049年までに米国に勝てるよう一貫して準備してきたという議論があるとされる。この「100年マラソン」論には根拠が乏しく、賛同できない。

公開書簡は、米国が反中一色というわけではないことを示すためのものだ。むろん今の中国を全面的に支持しているわけではない。香港の混乱を見ても明らかなように、自国民への強引な対応が目立つ。言論の自由を認めると不満が噴出して反政府の機運が高まる、という懸念を共産党政府は持っている。

ただし海外で学ぶ学生や研究者も多く、世界の状況を知る中国人が増える現状を見れば、政府が世論を抑えて管理し続けられるとは思えない。今後、何かしらの方法で言論の自由を拡大する必要に迫られるだろう。

現在の米国は反中ムードが強く、少なくともトランプ政権が続く2000年秋までは米国の対中姿勢に変化はない。だが、大統領選挙を経て政権が替われば関係がよくなる可能性はある。

（聞き手・林　哲矢）

エズラ・ヴォーゲル（Ezra Feivel Vogel）

1930年生まれ。専門は社会学で、日本・中国研究の権威。

## ダッチロールを続ける米中貿易交渉　3つのポイント

米中の貿易交渉は、対立と歩み寄りを繰り返すダッチロール（不安定飛行）を続けている。

保護主義的な貿易政策の推進を掲げて当選したトランプ米大統領は、2018年3月に国内メーカーの保護を理由として、日本や中国からの鉄鋼とアルミに対して追加関税を発動した。これに中国が豚肉など米国からの輸入品への追加関税で報復したことで「貿易戦争」の火ぶたが切られた。

トランプ政権は中国の対米黒字を減らすことを名目として、18年中に3段階に分け総額2500億ドル相当の中国製品に対して制裁関税を発動した。中国側との報復関税の応酬が続いたが、19年4月ごろには妥結への期待が高まった。

だが、5月に事態が急変する。トランプ大統領が10%としていた第3弾の税率を25%に引き上げるとツイッターで発表。6月に大阪で開かれたG20（主要20カ国・地域）サミットに併せて米中首脳会談が開かれ、小康状態を取り戻したかと思いきや、8月にトランプ大統領はまたも突如、第4弾の制裁を打ち出した。

9月1日（のちに10月1日、さらに同15日に延期）から1100億ドル相当の中国製品に15%の追加関税をかけると同時に、第1〜3弾の対象分の税率も25%から30%に引き上げる。さらに、12月15日には1600億ドル相当の中国製品に15%の追加関税をかける、というものだ。（注：12月13日には、米中通商協議で第1段階の合意に達したと発表。15日に予定していた新たな米国の対中制裁関税は見送ると表明した。）2段階にしたのは、年末商戦での消費を意識したためだ。ここでは、米中交渉の今後を占う3つのポイントを検証したい。

■ 米中とも輸入品のほとんどが制裁関税の対象に

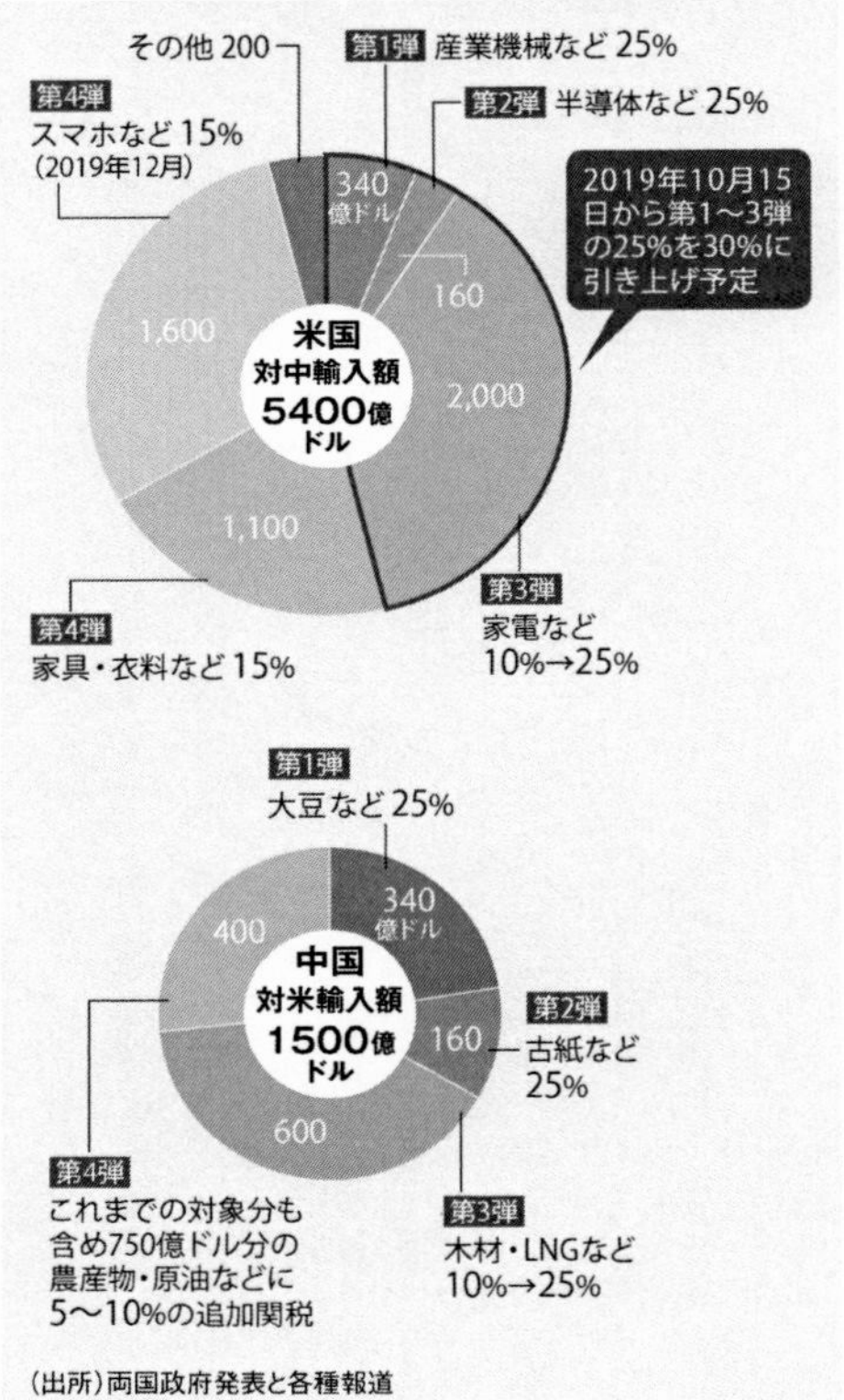


(出所)両国政府発表と各種報道

## 通貨戦争は本当？

２０１９年８月１日の第４弾発表後に人民元レートは急落。８月５日にはこれまで市場参加者が防衛ラインと見なしてきた１ドル＝７・０元を超え、２００８年５月以来の安値をつけた。これを意図的な元安誘導だとして、米国は中国を為替操作国に認定した。

米国の為替操作国の認定要件は、①巨額の対米貿易黒字、②大幅な経常収支黒字、③為替市場での持続的かつ一方的な介入、のすべてを満たすこととされているが、中国の場合は①にしか該当しない。

中国は１５年６月に株価が急落したチャイナショック当時、資本流出と元安のスパイラルに見舞われた。その教訓から１ドル＝７・０元防衛のための「元買い」を中国当局は繰り返してきたとみられる。米国の主張とは正反対だ。今回元安を容認したのは、米国の利下げ開始で資本流出リスクが下がったからだろう。

ＩＭＦ（国際通貨基金）も、人民元レートはファンダメンタルズに沿った水準にあるとしている。無理筋の認定をあえて米国がしたのは、さらなる関税引き上げの口実づくりとみることができる。

## 第5弾はあるか？

19年10月中にも閣僚級協議が行われる予定だが、これが決裂した場合に「第5弾」はあるだろうか。第4弾までに、米国側は中国からの輸入品のほぼすべてを制裁関税の対象にしている（レアアースなど除く）。これ以上の品目拡大は難しい。それは中国側も同様だ。

そのため、米国側が仕掛けるとすれば、第4弾の税率15％を25％に引き上げるといった措置だろう。しかし、この分野は消費者向け商品が多く、税率引き上げは米国内での消費を直撃する。中国側への打撃の大きさという要素も考えれば、関税引き上げよりもハイテク分野で取引規制などを拡大するほうが効果的だろう。

ファーウェイなど中国のハイテク企業を米企業との取引から排除したのは安全保障

上の措置で、少なくとも建前上は貿易不均衡の是正とは別の話だ。

## ハイテク戦争は?

2019年8月からは、ファーウェイ、中興通訊(ZTE)に加え、監視カメラの海康威視数字技術(ハイクビジョン)と大華(ダーファ)技術、無線機器大手の海能達通信(ハイテラ)の5社が米政府の調達から排除された。

これは18年8月に成立した2019会計年度の国防授権法(毎年の国防に関する予算の大枠を定めるもの)に基づく措置だ。注目すべきは、この法案に対する議会の投票結果だ。下院では賛成359、反対54。上院では賛成87、反対10。上下両院で8割を超える、圧倒的賛成を得て成立した。

トランプ大統領は19年6月の米中首脳会談を控えてファーウェイへの制裁を緩和する可能性を示唆したが、「国防授権法は党派を超えた圧倒的賛成で通っている。そこで決まった方向性は簡単に変えることはできない」(米議会に詳しい早稲田大学の中林美恵子教授)。

国防授権法に基づいて、20年8月以降は5社の製品を使う外国政府や企業・団体も米企業との取引を禁じられる。ファーウェイは同法が米憲法に違反するとして連邦地裁に提訴した。

国防授権法とは別に、米商務省は19年5月に米民間企業とファーウェイなどとの取引を事実上禁じる規制を導入している。米国原産品などの輸入を許可しない企業を列挙した「エンティティー・リスト」には、5社のほか、中国のスーパーコンピューターや原発プラントの製造会社の名が並んだ。

さらに19年9月、アリババグループが本社を置く浙江省杭州市の企業100社に地元政府の代表者が派遣されるとの発表があった。詳細は不明だが、大手民営企業の経営にも中国政府が干渉する動きを強めており、米国をさらに警戒させる可能性も出てきた。

ただ、10月の閣僚級協議再開に向け米国側も歩み寄りの姿勢を見せている。20年11月の米大統領選挙に向け、そろそろ成果を出したいトランプ大統領の焦りが出ているとみられる。一方、選挙がない中国側は交渉を引き延ばすほうが自国に有利とみているようだ。

中国側は制裁関税の完全撤廃を求めており、そこまでは米国側も譲歩しにくいだろう。何らかの合意が成立するにしても、その範囲は限定的になりそうだ。

（西村豪太）

## 香港・台湾　連鎖する危機

大陸への不信からデモが過激化する香港。経済一体化が進めば、いずれ自由も奪われる。そのことへの恐怖は台湾社会にも広がる。

交差点の前で盾を構えて整列する警察の機動隊。それと対峙しているデモの群衆の中から青年たちが広東語で叫び出した。「みんな下がれ、警察が突撃してくるぞ」。両腕を挙げて、後ろに下がるよう手を振るジェスチャーに従い、デモ隊は徐々に後退。およそ1分後、警察の突撃が始まった。逃げ遅れたデモ参加者が警棒でたたかれ、次々と地面に押さえつけられて拘束されていった。

2019年9月上旬の金曜日、香港の繁華街である旺角（モンコック）の夜は騒然としていた。夕方から徐々に人々が集まり出し、20時すぎにはデモ隊が旺角警察署を取り囲んだ。「悪徳警察！」「くたばれ！」聞こえてくるのは警察を非難する声。20代のデモ参加者は本誌記者に「市民を守る警察が市民を攻撃することが許せない」と訴えた。

9月4日、香港政府の林鄭月娥（キャリー ラム）行政長官は事前収録したテレビ演説で市民の抗議活動の原因となった「逃亡犯条例」改正案を完全撤回すると表明した。犯罪者を中国本土に送還できるようにする内容で、共産党に批判的な人物が中国で処罰されることになる可能性が危惧された。3カ月にわたり、香港市民はデモなどで改正案の完全撤回を訴え、それが受け入れられた形となった。

だが、すでに香港市民と、香港政府、その背後にいる中国中央政府との間の亀裂は、修復不可能なほどに広がっていた。デモ隊は「五大要求」として条例改正案の完全撤回以外に、警察の「暴力」に対する調査委員会や逮捕されたデモ参加者の釈放などを要求。とくに4カ月以上、催涙弾や放水車などで過剰ともいえる鎮圧活動を実行した警察への怒りはデモ参加への原動力となり、デモ収束の兆しは見えない。「五大要求」

の中には行政長官の普通選挙実施要求もあり、民主化運動の本格化への新たなうねりとなっている。

## リーダーなき重層構造

今回起きた一連のデモの特徴は、群衆を統率するリーダーがいないことだ。民主派団体がデモのきっかけとなる企画を行う場合も、多くのデモや抗議活動はSNS（交流サイト）上でやり取りがなされ、それらの情報を見た人々が自発的に集まる形が多い。連絡手段に使われるSNSは「テレグラム」やブルートゥースでつながる「ブリッジファイ」など。いずれも当局は容易に閲覧できないとされている。

デモ隊はSNS上で活動の動向や警察の動きを投稿し合い、活動の方向性は、参加者がその都度投稿した意見が反映されて決まっていく。冒頭でデモ隊に「下がれ」と呼びかけた青年たちも決してリーダーではない。警察無線を傍受していたデモ支援者が機動隊の突入するタイミングをテレグラムに投稿。その情報を見た青年らが周囲に呼びかけたのだ。

警察と対峙する最前線のデモ隊以外にも、警察の動向をキャッチする人たちや後方で平和的に活動する市民、応急処置を行う医療関係者の支援隊など一口にデモ隊といっても構成は重層的だ。後方から最前線を眺めていた金融機関に勤める50代の男性は「最前線は催涙弾が飛んでくるおそれがあり体力も足りないので行かないが、後方で参加しても政府に抗議する意思を示せる」と話す。中には近くのマクドナルドで購入したポテトフライなどの軽食をデモ参加者に振る舞う中高年層の姿もあった。

2014年の雨傘運動では3カ月弱で運動が収束に向かった。道路の占拠など市民生活に影響が出たうえ、経済に悪影響をもたらし社会全体の支持を徐々に失ったためだ。

■香港デモの歴史と直近の動き

| | |
|---|---|
| 1997年 | 香港返還 |
| 2003年 | 国家安全保障法案撤回を求めるデモ |
| 05年 | 行政長官直接選挙を求める民主化デモ |
| 12年 | 「愛国的教育」導入阻止を求める高校生らのデモ |
| 14年 | 普通選挙を求めるデモ（雨傘運動） |
| 19年 2月 | 台湾で香港の男子学生が交際相手の女性を殺害 |
| | ➡香港政府が逃亡犯条例の改正案提出を発表 |
| 3月 31日 | 条例案の審議入りを前に1万人がデモ |
| 4月 28日 | 2回目の委員会審議を前に10万人がデモ |
| 6月 9日 | 3度目のデモに100万人が参加 |
| 12日 | 立法会の審議を止めるために道路を占拠しようとした市民への警察の鎮圧により20人以上が負傷、逮捕者も |
| 16日 | 200万人デモ。逃亡犯条例改正案の完全撤回と逮捕されたデモ参加者の釈放を要求 |
| 9月 4日 | 行政長官が逃亡犯条例改正案の正式撤回を表明 |
| | ➡デモ隊は「五大要求」の受け入れ求め、デモ継続 |

今回の一連のデモでも小売業を中心に実体経済への影響は出ている。日系企業が香港で販売に携わる欧州系ブランドの8月の店舗売上高は「半分以下に減少した」(関係者)。旺角にある貴金属店の店員は「中国本土からの客が売り上げ全体の7割を占めていたのに、それが見事になくなった」とデモによる影響の大きさを語る。ところが今回はすでに4カ月以上経過してもデモ隊への支持は落ちていない。地元紙の世論調査によると7割の市民が、デモ隊よりも当局に混乱の責任があると回答している。

市民が政府と対立を深めるのに対し、香港に拠点を置く大手企業は苦しい立場に置かれている。社員がデモに参加する中、中国政府から香港政府を支持するよう「踏み絵」を迫られたのだ。8月上旬、香港の発券銀行も抱えるHSBCの王冬勝(ピーター・ウォン)CEO(最高経営責任者)は林鄭行政長官の記者会見に同席させられた。中国との金融取引で大きく影響を受ける自社のために香港政府を支持する姿勢をアピールするためである。

香港のフラッグキャリア、キャセイパシフィック航空は、デモに参加した乗務員が中国本土上空を飛行するフライトに搭乗することを中国当局から禁じられた。8月には経営トップを含む幹部2人が相次いで辞任。キャセイ経営陣とその筆頭株主スワイヤーグループは、デモ参加者を速やかに処分しなかったと中国当局から非難された。スワイヤーは中国本土で不動産事業やコカ・コーラのボトリング事業を行っており、グループ売上高の半分は中国での事業だ。

キャセイの顧客責任者は内部文書で香港政府と警察を支持すると強調した。デモ参加を理由に解雇されたと主張する客室乗務員も出ており、キャセイの中堅社員の1人は「どんな発言で不利益を被るかわからず、会話する自由も失った」と社内の状況を明かす。

会社が政府支持へと傾いても勤めている社員たちの当局不信は強まるばかりだ。そこには中国本土に取り込まれる香港の未来に対する不安が背景にある。

## 豊かさへの自由を失った

スワイヤーグループの飲料関連事業に携わる30代の女性は現在の給与水準では

15平方メートル以下の手狭な住宅を購入するのがやっとだと嘆く。背景には多額の中国本土からの資本が投下され、不動産価格が上昇していることがある。

「香港の自由は、努力すれば経済的に成功できる、というところにあった。しかし住宅をとってみても本土の影響力が増して自分たちの努力だけで成功できるという自由が消えた」(前出30代女性)。希望を見いだすために彼女は毎週末のデモに参加し続けている。

「本土への依存が増すにつれ、香港は価値を失っている」とHSBCグループに勤める20代の男性社員は話す。高層ビルが立ち並ぶ東洋随一の金融街・中環(セントラル)で、高級スーツを身にまとって働く彼の姿からは未来への焦燥は感じられない。だがこの数カ月間、海外の金融機関や投資家から先行きへの懸念の声を聞く中で不安を覚えるようになったという。

香港の国際的な価値は自由で開放的なところ。にもかかわらずそれが中国中央政府には保証されないことに不満が募る。「本土べったりの会社では香港の強みを守れない。自由と繁栄を維持するためにも、自分たちの意見を反映できる民主化は重要だ」

（前出20代男性）。

## おびえる台湾企業

「今日の香港は明日の台湾」。香港の一連の出来事をわが事のように台湾市民は見つめ続けている。台湾も同じく中国から経済的利益を享受してきた。台湾の総輸出額の約3割は中国向けだ。さらに台湾を代表する電子機器産業は中国に大規模工場を置き、安価な労働力を活用して、全世界にスマートフォンやパソコンを輸出している。

電子機器受託製造サービス（EMS）世界トップでiPhoneを製造する鴻海（ホンハイ）精密工業は中国依存を深めた台湾企業の象徴でもある。創業者の郭台銘（テリー ゴウ）氏は2020年の台湾総統選への出馬に意欲を燃やしてきたが、9月16日に急きょ無所属での立候補を取りやめた。

郭氏は親中国政党である中国国民党の予備選に出たが、7月に敗退。他党からの立候補を模索し続け、票が割れることを恐れる国民党から非難されていた。

「側近は勝ち目が薄いから出馬に反対していたが、出馬宣言の演説原稿まで用意して、意気揚々だった」と関係者は明かす。それだけに出馬断念は台湾市民に大きな衝撃を与えた。郭氏は声明で「誰から求められたわけではなく、自ら何度も考えた。リーダーを選ぶとき、社会が理性的な思考や政策論争に立ち戻ることを希望している」と理由を説明した。

ただ、鴻海の同業大手の幹部は「台湾経済界では出馬辞退の背景に中国の圧力があったとの憶測が出ている」と話す。折しも米中貿易摩擦の影響で台湾企業の多くが中国の生産拠点を台湾や東南アジアなどに移そうと計画を進めており、中国にとっては台湾への影響力が弱まることになる。「（中国は）大陸進出企業の代表格といえる郭台銘に出馬辞退させて影響力を誇示したのではないか。中国に生殺与奪の権が握られていると実感する」（前出幹部）。

中国から台湾への個人旅行にも制限がかかり、製造業だけでなくサービス業でも中国によって台湾経済は影響を受けている。それでも、中国による香港のデモ抑圧が、経済だけでなく政治までをも中国に取り込まれることへの恐怖を台湾社会にもたらしている。

さらに台湾社会では、中国との経済関係が深化しても、利益を得るのは一部の大企業や国民党だけとの見方も根強い。中国事業で利益を得る財界人が中国政府を支持する香港と相似形だ。

香港のデモが本格化してから、台湾独立志向の現与党、民主進歩党は党勢を回復。再選を目指す蔡英文（ツァイ インウェン）総統の支持率は急回復している。対して国民党の総統候補である韓国瑜（ハン グォユィ）高雄市長は香港デモに対して「よくわからない」と発言するなど曖昧な態度を示したこともあり、人気を落としている。

米トランプ政権は中国への貿易戦争を仕掛ける一方で、19年8月にF16戦闘機の最新型を台湾に売却すると決定。中国は台湾独立の動きを支援していると猛反発するが、トランプ氏にとって台湾は貿易交渉のカードと化しているようだ。

中国との経済の一体化は融和をもたらすどころか、香港、台湾それぞれの社会の亀裂を深めて中国への警戒感を極大化させている。

（劉　彦甫）

## ■ 米中と香港、台湾が政治・経済で絡み合う

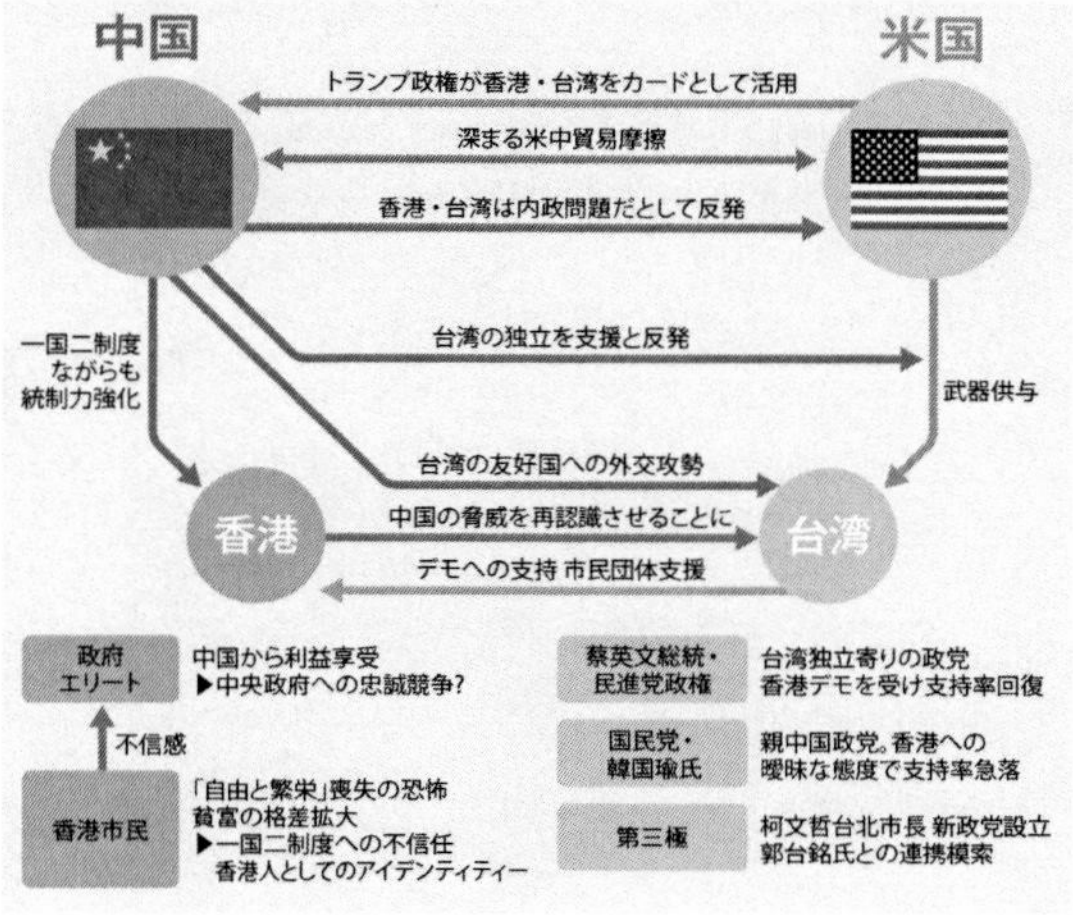
中国
米国
トランプ政権が香港・台湾をカードとして活用
深まる米中貿易摩擦
香港・台湾は内政問題だとして反発
台湾の独立を支援と反発
一国二制度ながらも統制力強化
武器供与
台湾の友好国への外交攻勢
香港
中国の脅威を再認識させることに
台湾
デモへの支持 市民団体支援
政府エリート
中国から利益享受
▶中央政府への忠誠競争?
不信感
香港市民
「自由と繁栄」喪失の恐怖
貧富の格差拡大
▶一国二制度への不信任
香港人としてのアイデンティティー
蔡英文総統・民進党政権
台湾独立寄りの政党
香港デモを受け支持率回復
国民党・韓国瑜氏
親中国政党。香港への
曖昧な態度で支持率急落
第三極
柯文哲台北市長 新政党設立
郭台銘氏との連携模索

独自選出！　成長性・規模・収益性を徹底分析

## 主要企業ランキングに見る中国経済の実態

米中摩擦の影響はどこまで中国経済に及んでいるのか。アリババグループやテンセントなどの先進企業に死角はないのか。マクロだけでなく、企業動向をウォッチすることで、リアルな中国経済が見えてくる。

本誌では、①規模（売上高や時価総額）、②成長性（増収率やシェアの伸び）、③技術力を基準に、幅広い産業から中国の主要企業を独自に選出。発表されたばかりの2019年度上半期と18年度通期の決算データを集計した。

その中で、19年度上半期の増収率と売上高、純利益、利益率順に並べたのが次のランキングだ。売上高の双璧は中国石油化工（シノペック）と中国石油天然気（CN

PC）の石油大手2社、純利益では中国工商銀行と中国建設銀行などメガ金融が上位にランクイン。利益率でも高級酒メーカーの貴州茅台酒がトップに立つなど、国有企業が依然として中国経済のメインプレーヤーであることがわかる。

一方、米国が敵視するファーウェイは19年上半期も2桁増収を続け、売上高と純利益のランキングで7位。主力のゲーム事業が好調なテンセントも3つのランキングに入るなど民営企業も存在感を示す。

成長性ランキングでは、共同購入サイトで急成長している拼多多（ピン・ドゥオ・ドゥオ）が189・2％増収と断トツ。車載電池で世界最大手級の寧徳時代新能源科技（CATL）も2位に躍り出るなど、中国のニューエコノミーを代表する企業が並ぶ。火鍋チェーン最大手の海底撈（ハイディラオ）国際やスポーツ用品大手の安踏（アンタ）体育用品など消費関連の成長も目覚ましい。

## マイナス成長の企業も

中国100強企業の売上高合計は、18年度が前年同期比15%増だったのに対して、19年上半期は10・4%増と成長が鈍化。一方で純利益合計は18年度が6・5%増だったのに対して、13・8%増と改善した（前年同期と比較不可能な一部企業は集計対象から除く）。

これは、新車販売の低迷により上海汽車集団など自動車各社や鉄鋼最大手の宝山鋼鉄がマイナス成長になるなど景気減速の影響が表れている一方で、EC2位の京東商城（JD.com）が大幅黒字化、出前アプリ大手・美団（メイトゥアン）点評の前期巨額減損が一巡するなどネット企業の収益が改善したためだ。

ネット企業は高成長が続く一方で、新旧勢力の入れ替わりが激しい。国策で5G通信網を整備する中国移動は投資先行で減益決算になるなど、直近の企業決算を見ることで中国の最新トレンドが浮かび上がる。

（秦　卓弥、中山一貴）

## 事業規模ランキング

### 売上高

| 順位 | 社名 | 売上高（億円） |
|---|---|---|
| 1 | 中国石油化工（シノペック） | 224,849 |
| 2 | 中国石油天然気（CNPC） | 179,439 |
| 3 | 中国建築 | 102,813 |
| 4 | 中国平安保険 | 95,873 |
| 5 | 中国人寿保険 | 68,585 |
| 6 | 中国工商銀行 | 66,437 |
| 7 | 華為技術（ファーウェイ） | 60,195 |
| 8 | 中国移動 | 58,414 |
| 9 | 上海汽車集団 | 56,444 |
| 10 | 中国建設銀行 | 54,221 |
| 11 | 中国鉄建 | 52,940 |
| 12 | 京東商城（JD.com） | 40,704 |
| 13 | 恒大集団 | 34,046 |
| 14 | 碧桂園 | 30,301 |
| 15 | 緑地集団 | 30,217 |
| 16 | 中国電信 | 28,573 |
| 17 | 聯想集団（レノボ） | 27,064 |
| 18 | 騰訊（テンセント） | 26,143 |
| 19 | 華能国際電力 | 25,479 |
| 20 | 美的集団 | 23,066 |

## 成長性ランキング

### 増収率

| 順位 | 社名 | 増収率 |
|---|---|---|
| 1 | 拼多多（ピンドゥオドゥオ） | 189.2% |
| 2 | 寧徳時代新能源科技（CATL） | 116.5% |
| 3 | 平安健康医療科技 | 102.5% |
| 4 | 歌爾（ゴアテック） | 61.1% |
| 5 | 中遠海運 | 60.0% |
| 6 | 海底撈国際 | 59.3% |
| 7 | 美団点評 | 58.9% |
| 8 | 復星国際 | 57.4% |
| 9 | 三一重工 | 54.3% |
| 10 | ビリビリ | 53.7% |
| 11 | 碧桂園 | 53.2% |
| 12 | 北方稀土 | 49.6% |
| 13 | 安踏体育用品 | 40.3% |
| 14 | 国軒高科 | 38.4% |
| 15 | 均勝電子 | 36.2% |
| 16 | 曙光信息産業 | 35.3% |
| 17 | 騰訊音楽娯楽 | 35.0% |
| 18 | 百世集団 | 33.5% |
| 19 | 科大訊飛（アイフライテック） | 31.8% |
| 20 | 万科企業 | 31.5% |

（注）2019年1～6月期決算から算出。3月期決算のアリババグループと2月期決算の好未来教育はランキング対象から除外。増収率は前年同期比　（出所）各社決算資料を基に本誌作成

## 収益性ランキング

利益率

| 順位 | 社名 | 利益率 |
|---|---|---|
| 1 | 貴州茅台酒 | 50.5% |
| 2 | 中国建設銀行 | 42.7% |
| 3 | 中国工商銀行 | 37.9% |
| 4 | 紅星美凱龍家居 | 34.9% |
| 5 | 騰訊（テンセント） | 29.5% |
| 6 | 銀河娯楽集団 | 25.5% |
| 7 | 携程国際（シートリップ） | 24.9% |
| 8 | 中国神華能源 | 20.8% |
| 9 | 海瀾之家 | 19.8% |
| 10 | 中国中信（CITIC） | 18.1% |
| 11 | 海康威視数字技術（ハイクビジョン） | 17.6% |
| 12 | 東風汽車集団 | 17.5% |
| 13 | 安踏体育用品 | 16.8% |
| 14 | 新松機器人自動化 | 16.6% |
| 15 | 騰訊音楽娯楽 | 16.5% |
| 16 | 三一重工 | 15.6% |
| 17 | 華大基因（BGI） | 15.4% |
| 18 | 中国平安保険 | 15.3% |
| 19 | 網易（ネットイース） | 14.7% |
| 20 | 中国移動 | 14.4% |

## 利益規模ランキング

純利益

| 順位 | 社名 | 純利益（億円） |
|---|---|---|
| 1 | 中国工商銀行 | 25,190 |
| 2 | 中国建設銀行 | 23,129 |
| 3 | 中国平安保険 | 14,651 |
| 4 | 中国移動 | 8,409 |
| 5 | 騰訊（テンセント） | 7,702 |
| 6 | 中国人寿保険 | 5,640 |
| 7 | 華為技術（ファーウェイ） | 5,237 |
| 8 | 中国石油化工（シノペック） | 4,701 |
| 9 | 中国石油天然気（CNPC） | 4,263 |
| 10 | 中国神華能源 | 3,636 |
| 11 | 中国中信（CITIC） | 3,494 |
| 12 | 中国建築 | 3,046 |
| 13 | 貴州茅台酒 | 2,993 |
| 14 | 碧桂園 | 2,345 |
| 15 | 美的集団 | 2,278 |
| 16 | 恒大集団 | 2,244 |
| 17 | 中国電信 | 2,086 |
| 18 | 上海汽車集団 | 2,065 |
| 19 | 格力電器 | 2,063 |
| 20 | 万科企業 | 1,776 |

（注）2019年1～6月期決算から算出。3月期決算のアリババグループと2月期決算の好未来教育はランキング対象から除外。（出所）各社決算資料を基に本誌作成

## 【ネット】新勢力がBATを猛追

米中貿易摩擦の影響で中国の景気が減速しているという見方は、ネット業界には当てはまらないかもしれない。8月中旬に発表されたアリババグループとテンセントの決算は、中国企業への悲観的な見方を一蹴するほどの好調ぶりを見せつけた。

アリババは、11月11日の「独身の日商戦」と並ぶ6月の大型セール「618商戦」に19年初めて参戦。これが当たり主力のEC事業売上高が前年同期比44%増、クラウド事業も同66%増と貢献した。同社は3月期決算のため第1四半期（4～6月）の参考値になるが、売上高は前年同期比42%増の1・7兆円、純利益は同144%増の3188億円といずれも過去最高を達成した。

アリババ最大のライバルであるテンセントは18年こそ政府のゲーム規制に苦しん

だが、2019年上半期は中国版ポケモンGOとも呼ばれる『一起来捉妖』や『王者栄耀』などモバイルゲームが牽引。中国最大のSNS「微信（ウィーチャット）」もユーザー数が11・3億人と前年同期比で7・1%増加した。売上高は同18・4%増の2・6兆円、純利益は同24・8%増の7702億円と続伸した。

一方、苦戦が目立ったのは検索エンジン最大手の百度（バイドゥ）。上期の売上高は前年同期比7・6%増の7567億円と増収だったものの、純利益は同84・1%減の313億円と独り負け。動画サービス子会社・愛奇芸（アイチーイー）の拡大が増収に寄与したが、利益柱である検索がモバイルシフトへの対応に遅れ、広告収入が減少した。

バイドゥの3期売上高年平均成長率（CAGR）は15%と、高成長が当たり前の中国IT企業の中では明らかに劣後している。これまではIT大手3社の頭文字を取った「BAT」の一角とされてきたが、今や時価総額は4・1兆円と50兆円近くあるアリババ、テンセントの1割にも満たない（2019年9月13日時点）。

【チャートの見方】　成長性・財務健全性・収益性・効率性

成長性は2018年度までの3期売上高CAGR（年平均成長率）、拼多多と順豊は2期ベース。財務健全性は18年度末時点の自己資本比率。収益性は18年度の純利益率。効率性は18年度のROE。成長性は50％、財務健全性は60％、収益性と効率性は20％を最大値に設定。最大値を超えた数値はカッコで表記。▲はマイナス、「—」は赤字で算出不能の場合。（以降のチャートも同じ）

（出所）各社決算資料を基に本誌作成

## アリババグループ

Alibaba Group 阿里巴巴集团

ネット業界の王者、クラウドでも中国トップ

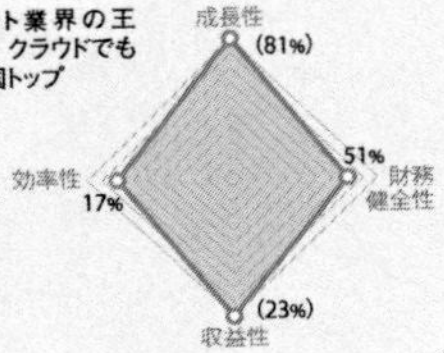


## テンセント

Tencent 腾讯

SNSアプリで有名だが、収益柱はゲーム事業

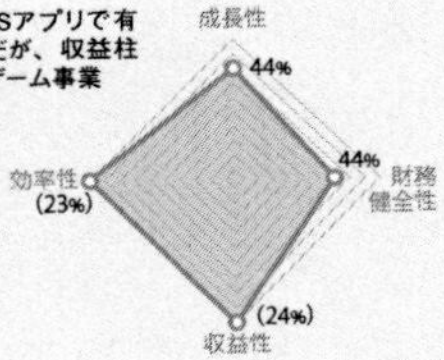


## 百度

Baidu 百度

BATの一角だが、近年は低成長が続いている

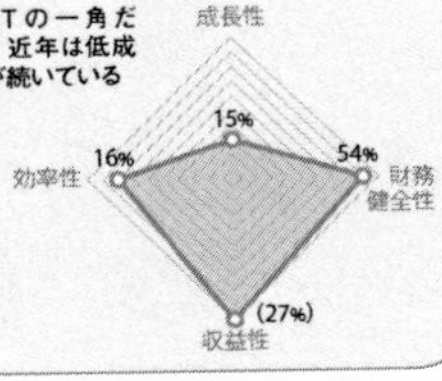

## バイドゥを抜く新興勢力

バイドゥに代わる新勢力の筆頭格が、アリババに次ぐＥＣの巨頭となった京東商城（JD.com）。物流子会社への積極投資で都市部でのシェアを高めてきた。１９年上期は６１８商戦が好調で2割増収、最終黒字に転換。ただ近年は競合の攻勢を受け成長率が鈍化しているうえ、創業者の劉強東ＣＥＯから性的暴行を受けたとして米国で提訴されるなど不祥事も重なる。

同社を抜く勢いで驚異的な成長を続けているのが、ＥＣ3位の拼多多（ピンドゥオドゥオ）だ。１５年に設立され、ウィーチャット内のミニアプリと連携。テンセントの支援を受けながら、アリババが開拓できなかった農村や地方都市向けの格安共同購入サイトとして急拡大してきた。2期売上高ＣＡＧＲは４１０％とその勢いは圧倒的で、第２四半期にはアクティブユーザー数でJD.com を抜くなど、ＥＣ2位の座は遠くない。

美団（メイトゥアン）点評も発祥は共同購入サイトだが、現在の主力はスマホアプリによる出前サービス。中国版ウーバーイーツとして高成長を続けている。バイドゥは時価総額ベースで美団点評（5・7兆円）やJD.com（4・8兆円）、拼多多（4・4兆円）に追い抜かれ、エンジニアの人材流出も続いている。

もっとも、競争が激しい中国のIT業界ではシェア奪取のための先行投資による赤字が目立つ。中国で爆発的に普及したシェア自転車が、各社とも一気に破産寸前の危機に陥ったのは記憶に新しい。

美団点評はユーザー獲得のため18年4月にシェア自転車最大手のモバイクを買収したが、期末に巨額の減損やリストラ費用を計上した。19年上期は赤字幅を縮小させているもののモバイクとのシナジー創出は待ったなし。アリババ傘下の餓了麼（ウーラマ）との競争も激化している。

拼多多も赤字覚悟で値引きキャンペーンを続けているが、低所得者向けマーケットの拡大余地は縮小しつつある。両社とも18年夏にIPO（新規株式公開）を果たしており、投資家の厳しい視線にさらされている。現在の勢いをどこまで維持できるかは不透明だ。

（秦　卓弥、中山一貴）

## JD.COM　京東商城

EC2位だが、果敢な物流投資で赤字体質

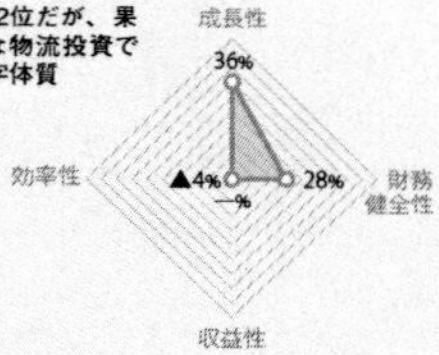


## 拼多多　拼多多

農村需要を取り込み驚異的な成長率で拡大

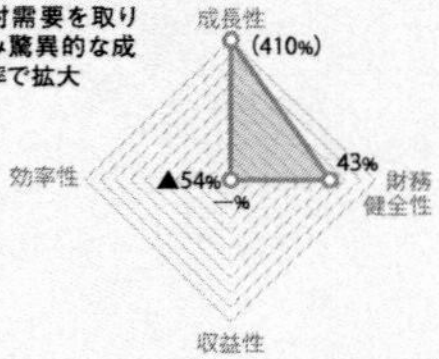


## 美団　美団点評

出前サービスが高成長だが先行投資で赤字続く

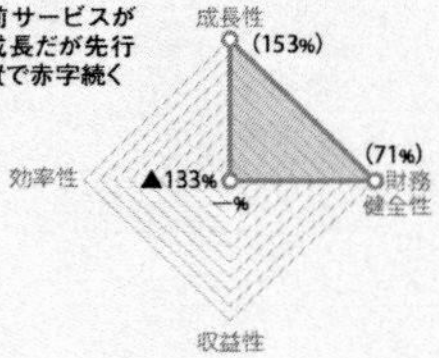

## 【消費・レジャー】 80%成長のダークホースも

中国経済の動向を観察するうえで、消費・レジャー産業の重要性が高まっている。商務部の統計では、19年上半期（1～6月）の小売総額は前年同期比8・4%増の約292兆円だった。うちEC小売額は同21・6%増で全体の19・6%を占めるまでに拡大。ECが実店舗を侵食する分野が増えている。

EC化の波がとくに大きい家電量販店業界を見ると、EC事業で後れを取った業界2位・国美零售（グオメイ）の上期売上高は前年同期比1・1%減の5150億円と停滞。早くからEC化に注力した蘇寧易購集団（スーニン）の売上高は同22・5%増の2兆0336億円と対照的だ。ただ、販促投資の負担増などで純利益は低水準。同社は、不動産大手・万達グループの百貨店子会社や仏スーパー大手カルフールの中国法人を相次ぎ買収し、家電以外の商品力強化を急ぐ。

## かつてはナイキの模倣

アパレル業界では、スポーツ用品大手の安踏（アンタ）体育用品の成長が著しい。以前は米ナイキの模倣だと揶揄されることもあった同社だが、２００９年に買収したイタリア「ＦＩＬＡ」の中国事業だけでなく、自社ブランドも絶好調。上期売上高は前年同期比４０・３％増の２２２億円、純利益も同２７・７％増の３７２億円だった。自己資本比率は６４％と高く、財務もいたって健全だ。

外食業界も拡大が続く。上期売上高は市場全体で前年同期比９・４％増と小売総額の伸びを上回った。注目すべきは火鍋チェーン最大手で、日本や米国など国外を含め約６００店を展開する海底撈（ハイディラオ）国際。新規出店効果などで上期売上高は同５９・３％増の１７５４億円、純利益は同４１％増の１３７億円と大幅な増収増益だった。

市場拡大が続く教育業界に、ひときわ目立つ企業がある。10年に米ニューヨークで上場を果たした好未来教育（ハオウェイライ）だ。「学而思」ブランドなどで小中学生向けの学習塾を展開。校舎数は57都市700校を超え、近年はオンライン教育にも傾注している。成長性を示す3期売上高の年平均成長率は80％と驚異的な高さ。校舎数とオンライン教科数の増加に伴い講師の人件費がかさみ、上期純利益は78億円の赤字に転落したが、売上高は前年同期比27・6％増の751億円と高水準を維持している。

（秦　卓弥、中山一貴）

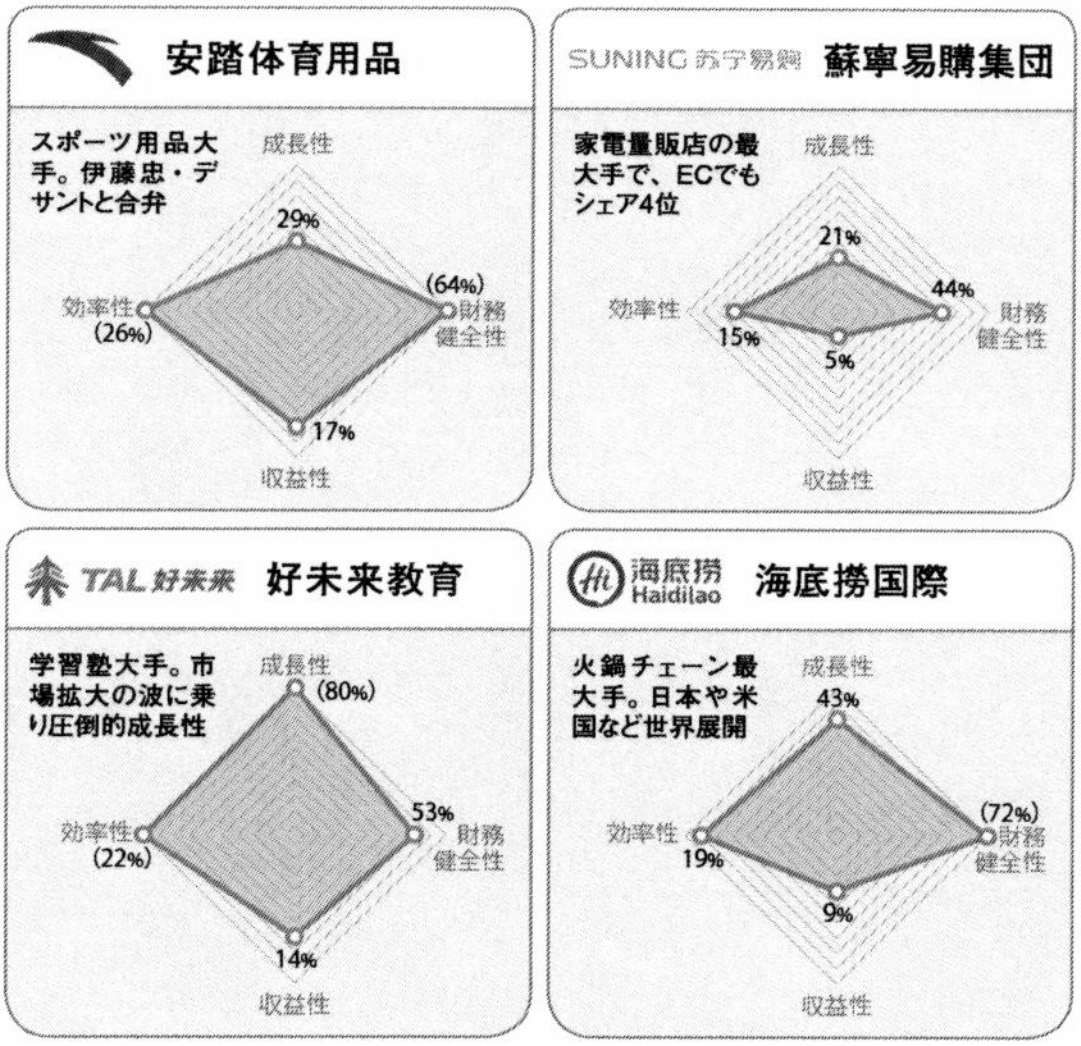
安踏体育用品
スポーツ用品大手。伊藤忠・デサントと合弁
成長性 29%
財務健全性 (64%)
収益性 17%
効率性 (26%)
SUNING 苏宁易购
蘇寧易購集団
家電量販店の最大手で、ECでもシェア4位
成長性 21%
財務健全性 44%
収益性 5%
効率性 15%
TAL 好未来
好未来教育
学習塾大手。市場拡大の波に乗り圧倒的成長性
成長性 (80%)
財務健全性 53%
収益性 14%
効率性 (22%)
海底捞 Haidilao
海底撈国際
火鍋チェーン最大手。日本や米国など世界展開
成長性 43%
財務健全性 (72%)
収益性 9%
効率性 19%

## 【金融・不動産・物流】政府がリスクの芽を摘む

内モンゴル自治区の包商銀行や遼寧省の錦州銀行、山東省の恒豊銀行など経営難にあえぐ中国の地方銀行が相次ぎ政府当局の管理下に置かれている。ただ大手銀行の決算はいずれも堅調だ。

世界最大の商業銀行である中国工商銀行の上半期純利益は前年同期比4・7％増の2・5兆円。2位の中国建設銀行は同4・9％増の2・3兆円だった。流動性逼迫の危機を抱えているのは地方経済の疲弊に直面する中小銀行が中心。7月に中国工商銀行が錦州銀行への出資に乗り出すなど、大手行は救済の役割を果たしている。

景気減速の逆風が吹く金融業界で近年、異例の高成長を続けているのが中国平安保険。ネット医療サービス「平安グッドドクター」の平安医療科技や、個人間融資仲介プラットフォームの陸金所（Lufax）など中国屈指のテック企業を傘下に抱える。金融とテクノロジーの融合で顧客数を伸ばし、上期純利益は前年同期比68・1％増の1・4兆円と勢いに乗る。

## 不動産バブルに規制も

不動産業界では、住宅購入規制が続く中でも大手デベロッパーの上期決算は好調だった。広東省に本拠を置く碧桂園（ビーグイユエン）は前年同期比53・2％増収、同20・8％増益。上海の緑地集団と深圳の万科企業も3割前後の増収と拡大した。大手4社で唯一、減収減益となったのが深圳を本拠とする恒大集団（エバーグランデ）。引き渡しの期ずれが主因だが、同社はサッカークラブ運営や旅行、健康事業などへ多角化。とくに最近はスウェーデンのEV（電気自動車）メーカーを買収するなどEV事業への積極投資を続けて債務が膨張。先行負担が業績にも影を落とす。

国家統計局の調査によると19年8月の不動産投資は前年同月比10・5％増と

4月以来の高水準を記録している。ただ住宅価格高騰を懸念する政府は、米中対立が長引く中でも、住宅購入規制の手綱を緩める気はない。下期は、政策動向次第で風向きが大きく変わりそうだ。

物流業界はＥＣの拡大に応じて、その勢力図もアリババ系、京東商城（JD.com）系、独立系で宅配最大手の順豊に三極化されている。競争は激しいものの取扱個数が増え、順豊は上期前年同期比１７・７％増収。杭州本社でアリババ系の百世集団も3割増収と業容拡大が続いている。

（秦　卓弥、中山一貴）

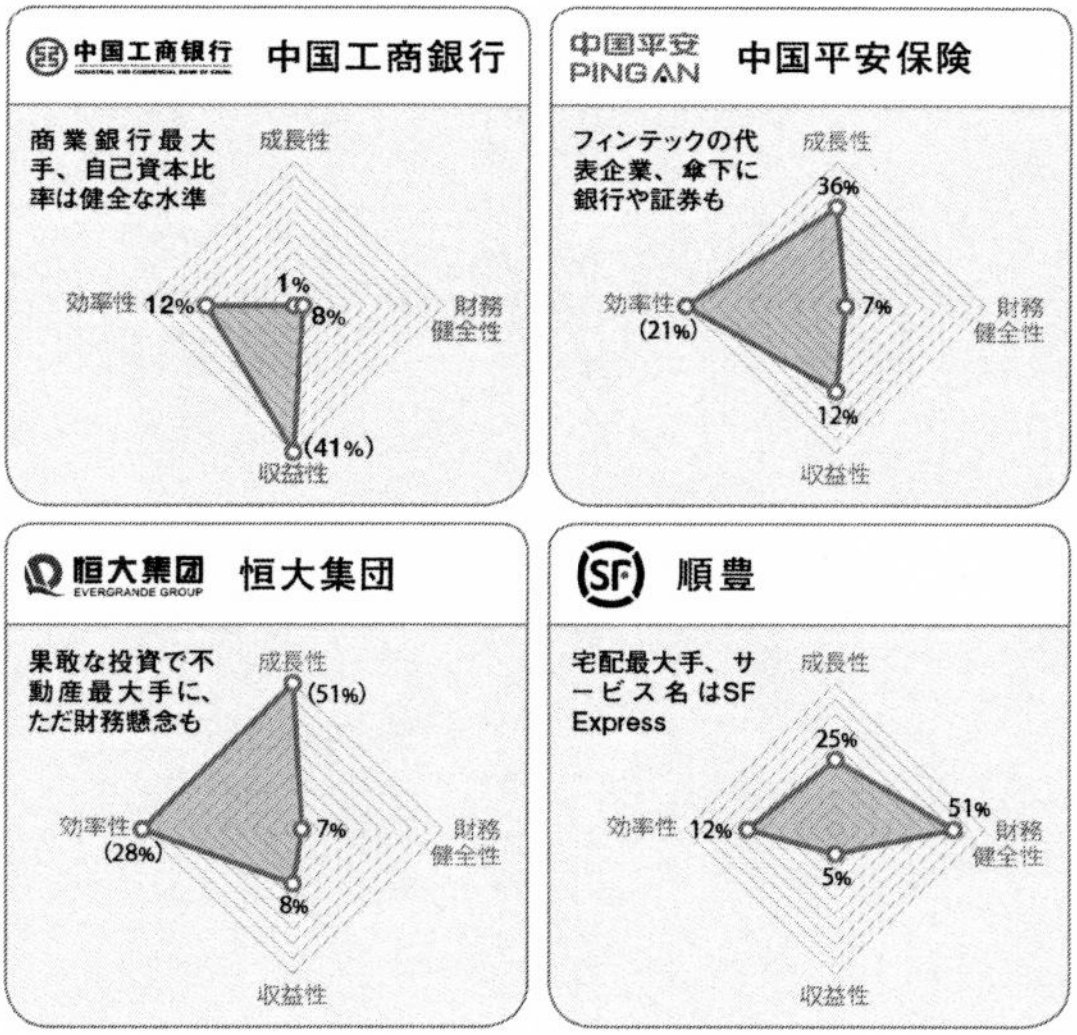
中国工商銀行
商業銀行最大手、自己資本比率は健全な水準
成長性
1%
財務健全性
8%
効率性
12%
収益性
(41%)
中国平安保険
フィンテックの代表企業、傘下に銀行や証券も
成長性
36%
財務健全性
7%
効率性
(21%)
収益性
12%
恒大集団
果敢な投資で不動産最大手に、ただ財務懸念も
成長性
(51%)
財務健全性
7%
効率性
(28%)
収益性
8%
順豊
宅配最大手、サービス名はSF Express
成長性
25%
財務健全性
51%
効率性
12%
収益性
5%

## 【ハイテク】忍び寄る米中摩擦の影

中国の通信機器最大手ファーウェイが19年7月末に発表した2019年度上半期の業績は、米中貿易摩擦の影響を感じさせない堅調ぶりだった。売上高は前年同期比23・2%増の6兆0195億円。主力のスマートフォンの出荷台数も同24%増の1億1800万台だった。

だが、第2四半期（4~6月）の3カ月間を見ると摩擦の影響はすでに顕在化している。第1四半期に19%だったファーウェイのスマホ世界シェアは17・6%まで低下（米調査会社IDC調べ）。BtoC事業の邵洋・首席戦略官は、「もともと19年末に（韓国サムスンを抜いて）1位になれる見込みだったが、今はもっと時間がかかると考えている」と失速を認めた。

スマホ販売が減速すれば、下期以降の業績への影響は必至だ。19年9月19日にドイツ・ベルリンで、5G対応版の最新スマホ「Mate 30」を欧州で発売すると発表したが、同機種は「Gmail」など米グーグルの主要アプリを使うことができない。米商務省が5月に発表した事実上の輸出禁止措置の影響とみられる。

ファーウェイの頼みの綱は、8月にお披露目した独自OS（基本ソフト）の「鴻蒙（ハーモニー）」。BtoC事業の余承東CEOは、「われわれが引き続きグーグルサービスの利用を許されなければ、鴻蒙OSの使用を検討するだろう。その場合、最初に搭載されるのは、20年3月ごろリリース予定の『P40』かもしれない」と話す。中国製OSはどこまで受け入れられるか。グーグルサービスの利用者は世界的に多く、ファーウェイは厳しい戦いを迫られそうだ。

スマホ世界4位の小米集団（シャオミ）は、スマホ一本足からAI（人工知能）とIoTを活用した家電メーカーへの転換を進める。ベンチャーを中心に100社近いメーカーと手を結び、彼らが製造するテレビやエアコン、浄水器などをシャオミブランドで展開。IoT関連の売上高は全体の3割近くを占めるまでに育った。

大黒柱のスマホ事業もシェアトップのインド市場を筆頭に伸びが続き、上期は前年同期比20・2％増収と好調だ。通期で見ると、17年度に発生した特別利益の反動で収益性こそ見劣りするが、成長性、効率性、財務健全性はバランスよく高い。

## ドイツ企業買収のその後

中国の家電市場は、普及率の高まりなどを背景に停滞気味だ。中国家用電器研究院などの統計によると、上期の市場規模は前年同期比2・1％減の約6・2兆円だった。そんな中、白物家電で世界トップ級の美的集団は、主力のエアコンを中心に着実に販売を伸ばしている。上期業績は、売上高が7・8％増の2兆3066億円、純利益も同17・4％増の2278億円と増収増益だった。

課題は産業ロボット事業だ。16年に世界4強の一角を占めるドイツのクーカを買収し、西側諸国を驚かせた。だが、最大市場の中国の景気減速で、世界の産業ロボット市場は近年成長が鈍化。そのあおりもあって上期の同事業は赤字に転落した。中国市場を軸に、新製品開発などテコ入れを急ぐ。

液晶パネルで世界首位級の京東方科技集団（ＢＯＥ）は、ファーウェイなどに供給する曲がる液晶をはじめ、高い技術力を武器に成長。上期売上高は前年同期比２６・６％増の８２５６億円だった。一方、有機ＥＬ生産などの大規模な設備投資に伴う減価償却費増や研究開発費の膨張で純利益は同４３・９％減の２５０億円と苦戦した。

ＢＯＥの今後の課題は早期の投資回収に加え、小売り向けＩｏＴサービスなど新規事業の安定化だ。同社が開発した、通行人の反応に応じて広告内容を変えるディスプレーは、「大手小売りを中心に採用が増えている」（ＢＯＥ営業担当の董暁毅氏）という。

ＡＩ強国を目指す中国政府は、自国の先進企業を重点育成企業に指定。補助金などで研究開発をバックアップしている。

## HUAWEI ファーウェイ

通信機器最大手。米中摩擦が業績に影落とす

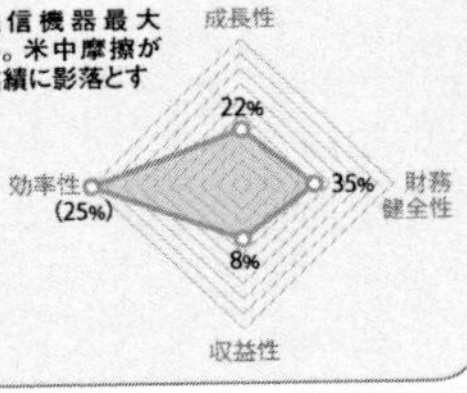


## シャオミ

スマホ世界4位。近年はIoT家電事業を強化

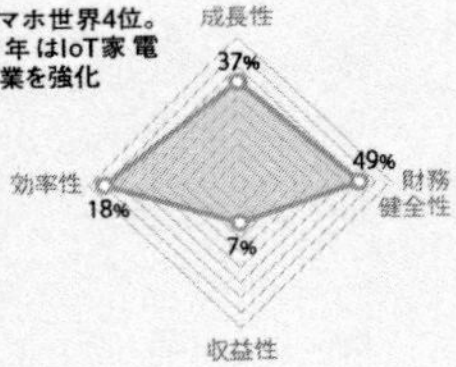


## 美的集団

白物家電で世界首位級。東芝の家電会社を買収

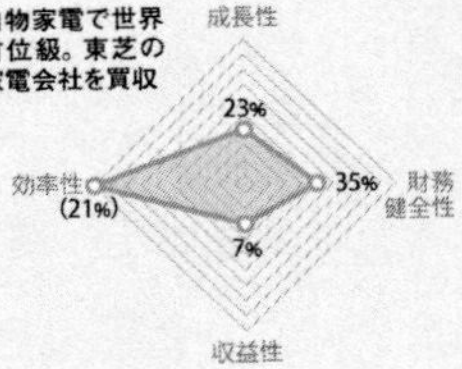


## BOE BOE

液晶パネル世界トップ級。果敢に設備投資

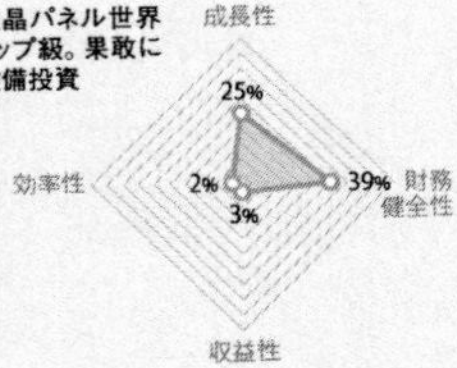

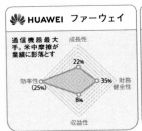

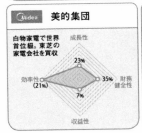

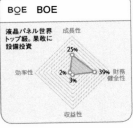

音声認識AIで世界トップクラスの技術力を誇る科大訊飛（アイフライテック）は、17年にBATと並んで重点企業に選ばれた。会議中などの発言をリアルタイムで文字化し英語に翻訳する「聴見」をはじめ、BtoCの翻訳機やレコーダーを展開。3期売上高の年平均成長率は46%と群を抜く高さだ。上期も売上高は前年同期比31・8%増の634億円、純利益は同45・4%増の28億円と大幅な増収増益だった。

## 米国による締め出し

8月に重点企業の仲間入りを果たした海康威視数字技術（ハイクビジョン）は、監視カメラの世界最大手だ。高いシェアを強みに効率性、収益性、財務健全性はトップクラス。上期も国内外で販売を伸ばし、売上高は前年同期比14・6%増の3588億円、純利益は同1・7%増の632億円と堅調だ。

監視カメラや顔認証技術を警戒する米国は、18年8月に成立した国防授権法で政府調達を禁じる中国企業に、ファーウェイなどと並んでハイクビジョンを指定した。

諸外国が追随すれば、売上高の3割近くを占める海外販売に支障を来しかねない。
米国をはじめ先進国が中国企業への警戒を強める中、ファーウェイは虎の子の5G技術を海外企業に販売することをほのめかすなど、融和姿勢を見せる。中国ハイテク企業と西側諸国との油断ならぬ駆け引きが続く。

（秦　卓弥、中山一貴）

## 科大讯飞 IFLYTEK アイフライテック

**音声認識AIの技術力は世界トップクラス**

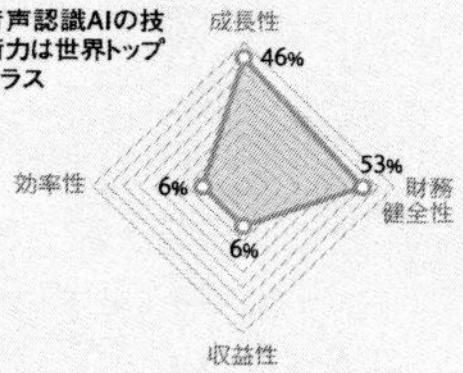


## HIKVISION ハイクビジョン

**米国政府も警戒する監視カメラ世界トップ企業**

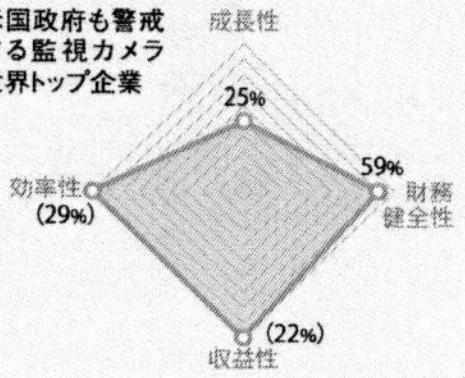

## 【自動車・機械】完成車メーカーが大苦戦

中国で新車販売の下落に歯止めがかからない。19年9月11日に発表された中国自動車工業協会の統計によると、新車販売台数は19年8月まで14カ月連続でマイナスとなった。景況感の悪化で消費が鈍っているうえ、不動産価格の上昇で家計に占める住宅ローンの負担が増加し、消費者が自動車購入を控えているためだ。

企業決算にも影響が顕著に出ている。中国の自動車最大手・上海汽車集団（SAIC）の上期売上高は前年同期比19・1%減の5・6兆円、純利益は同27・5%減の2065億円と大幅減益だった。7～8月の新車販売も前年同月を割り込んでおり、下期も厳しい情勢が続きそうだ。

日産自動車やホンダと合弁を組む東風汽車集団（ドンフェン）、自主ブランド中心の吉利汽車（ジーリー）も2桁減収。大手メーカーが軒並み苦戦する中で、独ダイムラーなどと合弁を組む北京汽車だけは高級車の販売が伸び2桁増収だったが、販促費や人件費がかさみ最終減益に沈んだ。

## 車載電池は中国勢が快走

２０１９年6月に政府補助金が削減されたことで、新エネルギー車（ＮＥＶ）の販売にも急ブレーキがかかっている。ただ、国策でＥＶ（電気自動車）を重視してきた中国では依然、ＥＶが成長分野であることに変わりはない。ＥＶ用のリチウムイオン電池を製造する電池メーカー各社は、完成車メーカーとは対照的に好決算をたたき出している。

車載電池でパナソニックと世界トップを争う寧徳時代新能源科技（ＣＡＴＬ）は、欧米や日本の大手メーカーとも取引を拡大。上期決算は売上高が前年同期比１１６・５％増の３０３９億円、純利益が同１３１％増の３１５億円と高成長を続けた。車載電池3位でEVメーカーとして世界最大手の比亜迪（BYD）もEV販売が好調で上期は2桁増収、前期の投資損失がなくなり純利益は約3倍に拡大した。両社とも7月にはトヨタ自動車と車載電池で提携している。今後、補助金削減の影響をどこまで軽減できるかが焦点だ。

自動車以外の機械分野では、建機メーカーが気を吐く。中国トップの三一重工は上期売上高が前年同期比5割増の6508億円と絶好調。デジタル化や海外展開を加速しており、コマツや米キャタピラーを脅かす存在になりつつある。中国2位の徐工集団工程機械も上期は3割増収と急拡大している。

（秦　卓弥、中山一貴）

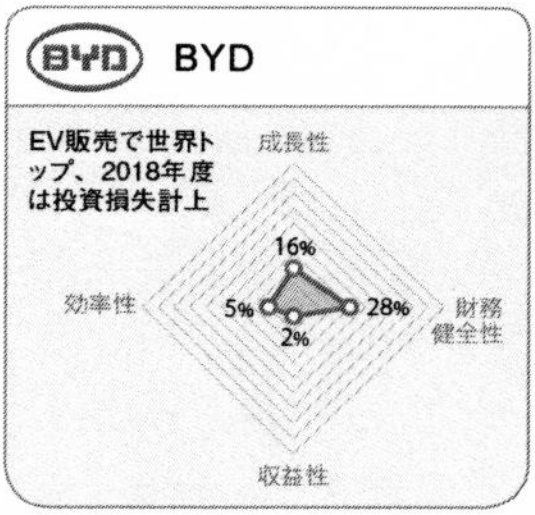
BYD
EV販売で世界トップ、2018年度は投資損失計上
成長性
16%
効率性
5%
28%
2%
財務健全性
収益性

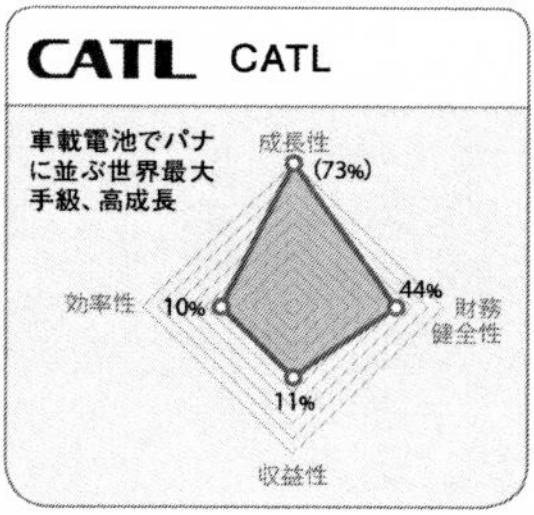
CATL
車載電池でパナに並ぶ世界最大手級、高成長
成長性
(73%)
効率性
10%
44%
財務健全性
11%
収益性

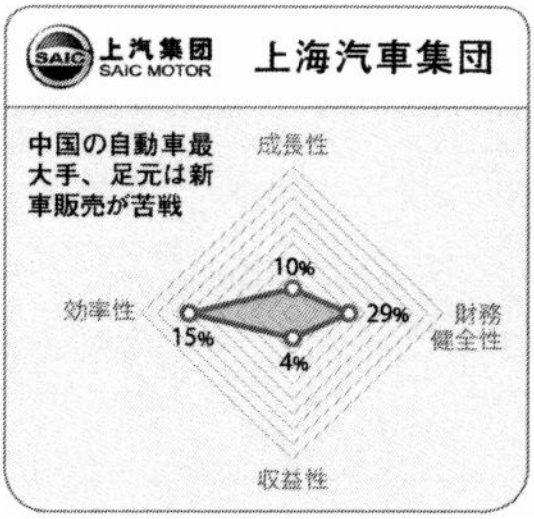
上汽集团
SAIC MOTOR
上海汽車集団
中国の自動車最大手、足元は新車販売が苦戦
成長性
10%
効率性
15%
29%
財務健全性
4%
収益性

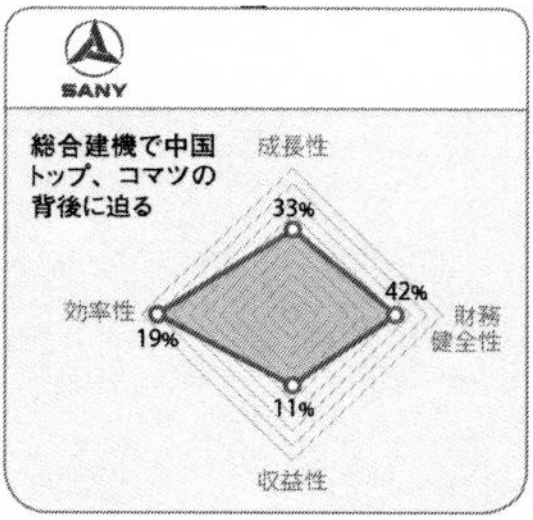
SANY
総合建機で中国トップ、コマツの背後に迫る
成長性
33%
効率性
19%
42%
財務健全性
11%
収益性

## 【資源・インフラ】5G、一帯一路の中核に

資源・インフラ産業は依然、政府が管轄する巨大な国有企業が主な担い手となっている。企業業績や再編の動向も国の政策により左右されるのが特徴だ。

モバイル通信最大手の中国移動（チャイナモバイル）の上半期決算は、売上高が前年同期比0・6％減の5・8兆円とほぼ横ばいだったが、純利益は14・6％減の8409億円だった。2桁減益の要因の1つには、次世代通信規格「5G」への先行投資がある。

国策で5Gを推進する中国。中国移動はその先兵として、急ピッチで基地局の整備を進めている。19年内には国内50の主要都市で5G商用サービスを開始する見込みだ。8月の説明会で楊傑（ヤン ジェ）董事長は、5Gへの今期投資額を従来計画比

1・5倍の3600億円に引き上げると発表。投資を加速する。

同2位の中国聯通（チャイナユニコム）は、19年9月に固定通信最大手の中国電信と5Gの基地局建設で提携。通信3社はもともと1990年代末に1つの国有企業から分割される形で誕生したが、近年は中国移動の1強となっていた。5G分野では中国北方に強い中国聯通と南方に地盤を持つ中国電信がタッグを組み、中国移動に対抗する構図が鮮明になっている。

## 世界一に迫る鉄鋼企業に

鉄鋼世界2位の宝山鋼鉄は、中国での新車販売の苦戦や原料の鉄鋼価格上昇が影響し上期売上高は前年同期比5・2％減の2・1兆円、純利益は同33・8％減の937億円と苦戦した。親会社の宝武鋼鉄集団は国有大手の馬鋼集団と経営統合することを19年6月に発表。粗鋼生産量は8707万トンと世界トップの欧州のアルセロール・ミタルの9250万トンに迫る規模となる（2018年の単純合算）。鉄鋼企業は過剰生産能力の削減が待ったなし、政府主導で新たな再編の大波に突入している。
中国中車は世界1位の中国北車と2位の中国南車が15年に合併して誕生した巨大な鉄道車両メーカー。経営統合による事業整理が進み、競争力を高めている。上期売上高は前年同期比11・4％増の1・4兆円、純利益は同16・2％増の717億円と2桁増収増益。海外販売比率も徐々に高めており、「一帯一路」をはじめとした中国のインフラ輸出戦略の中核的な存在になろうとしている。

（秦　卓弥、中山一貴）

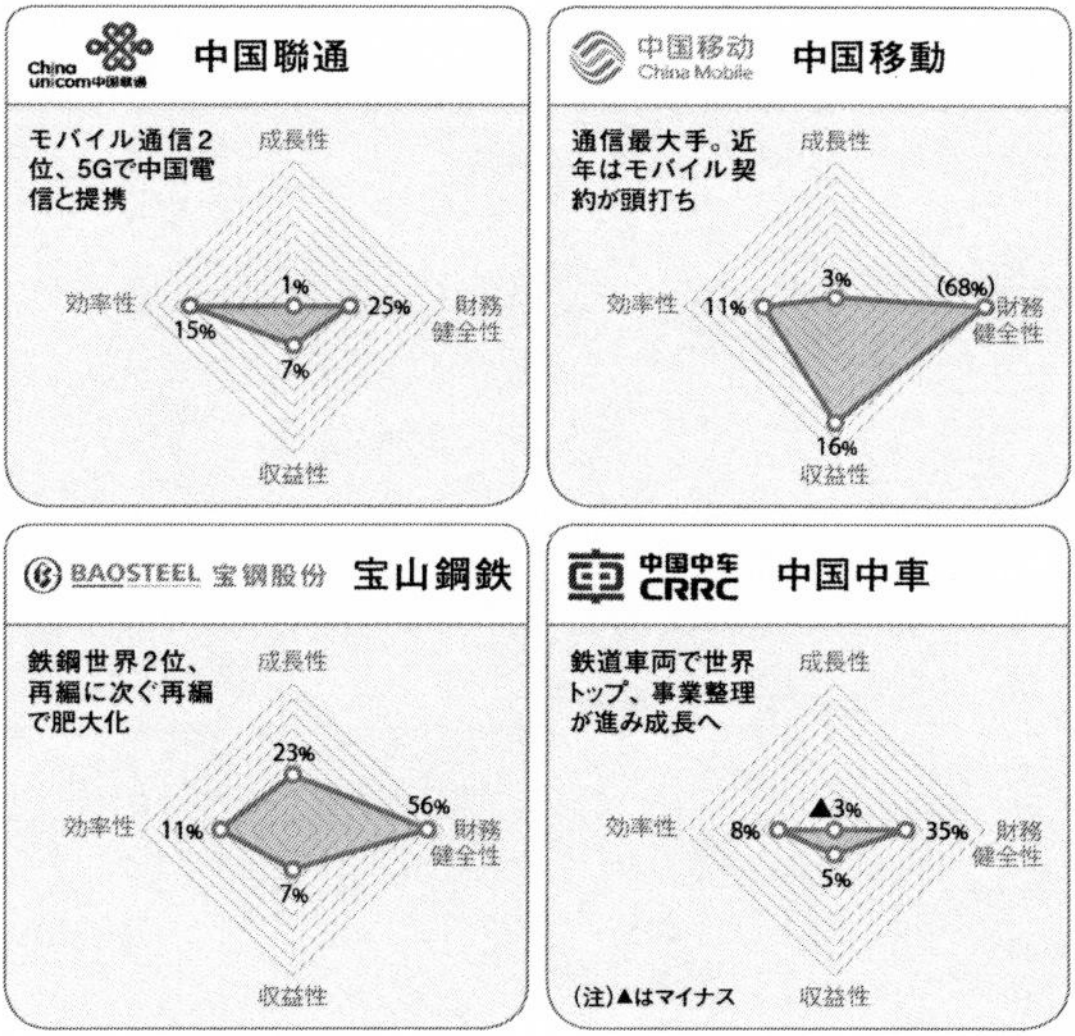
China unicom 中国联通
中国聯通
モバイル通信2位、5Gで中国電信と提携
成長性
1%
財務健全性
25%
収益性
7%
効率性
15%
中国移动 China Mobile
中国移動
通信最大手。近年はモバイル契約が頭打ち
成長性
3%
財務健全性
(68%)
収益性
16%
効率性
11%
BAOSTEEL 宝钢股份
宝山鋼鉄
鉄鋼世界2位、再編に次ぐ再編で肥大化
成長性
23%
財務健全性
56%
収益性
7%
効率性
11%
中国中车 CRRC
中国中車
鉄道車両で世界トップ、事業整理が進み成長へ
成長性
▲3%
財務健全性
35%
収益性
5%
効率性
8%
(注)▲はマイナス

## 株価は軒並み大幅安　中国ベンチャーのIPO

テスラキラーと呼ばれ、注目を集めてきたＮＩＯ。中国で最も有望視されていた新興ＥＶ企業が、苦境に立たされている。２０１９年４月、西安市内の修理場で主力車種の「ＥＳ８」に発火事故が発生。４８０３台のリコールを実施したことに加え、従業員のリストラ報道も相次ぎ、ＩＰＯ（株式新規公開）からちょうど１年の９月１２日、株価は半値に下落した（上場初日の終値対比、以下同じ）。

異変はＮＩＯだけではない。中国の新興上場企業全体にＩＰＯバブル崩壊の兆候が表れている。

次の表は過去1年間に上場した主な元ユニコーン企業の株価騰落率。外資の出資制限など国内上場の厳しさや資金調達の容易さを考慮して、中国の新興企業の大半は米国の証券市場にＡＤＲ（米預託証券）か普通株で上場している（表では美団点評のみ香港市場）。

■「中国のテスラ」NIOは5割超の下落
―過去1年間に上場した主要ユニコーン企業の株価騰落率―

| 社名 | 直近騰落率 | 初値騰落率 | 上場年月 |
|---|---|---|---|
| NIO | ▲51.7% | ▲4.2% | 2018年9月 |
| 趣頭条 | ▲72.7% | 30.0% | 9月 |
| 美団点評 | ▲0.6% | 5.7% | 9月 |
| 蘑菇街 | ▲79.4% | ▲12.5% | 12月 |
| 騰訊音楽娯楽 | ▲1.9% | 8.8% | 12月 |
| ラッキンコーヒー | 3.2% | 47.1% | 2019年5月 |
| 闘魚 | ▲18.3% | ▲4.2% | 7月 |

(注)直近騰落率は9月12日終値と上場初日終値を基に算出、初値騰落率は上場初値と公募価格を基に算出。▲はマイナス

IPOのタイミングにもよるため一概には言えないが、足元ではNYダウやNASDAQが7月に更新した史上最高値に迫る中で、多くの元ユニコーンたちは大幅安。その苦戦ぶりが鮮明になっている。

共通するのは振るわない業績だ。現地メディアに「流血上場」と揶揄されたのが、モグ街（モグジェ）。元アリババグループのエンジニアらが2011年に立ち上げた、若い女性向けのファッションECサイトで、登録ユーザーは約2億人。テンセントが大株主の期待株だったが、価格競争が激化。市場調達資金を販促につぎ込み、売上高の半分に相当する赤字を垂れ流し続けている。上場初日終値は14ドルだったが、足元では8割近く下落している。

7億人のユーザーを抱える動画大手の快手（クァイショウ）、ECで急成長の拼多多（ドゥオドゥオ）とともに有力ネット企業「KPQ」の一角と呼ばれる趣頭条（チュイトウティアオ）。娯楽ニュースアプリで農村や地方都市のユーザーを獲得し、急成長を遂げてきた。18年9月の上場初値は公募価格の3割増と高評価を受けたが、宣伝費が利益を圧迫。18年度決算では、売上高約450億円に対し最終損失は約

290億円と赤字幅が前期の倍に。失望売りが相次ぎ、直近の株価は7割以上下落した。

19年、最も注目されたIPOは瑞幸珈琲（ラッキンコーヒー）だ。17年10月の創業からわずか2年、目標はスターバックス超えと公言し、19年末までに4500店舗を計画。5月にNASDAQ史上最短でIPOを果たした。19年9月12日時点の株価は3・2％上昇しているが、「2杯買うと1杯無料」キャンペーンや出店費用がかさみ、赤字の拡大ペースも加速中だ。

シェア奪取へ巨額の資金を燃やし続ける中国流の〝焼銭〟商法に、マーケットは懐疑的になっている。

「上場できた企業はまだよい。問題はｅｘｉｔ（株式売却）に失敗したベンチャーキャピタルや投資家が含み損を抱え、次が続かないことだ」と現地の証券関係者は語る。

（秦　卓弥）

# 世界のイノベーションを中国が先導している

慶応大学　環境情報学部　教授／ヤフーCSO・安宅和人

AI、データ分析領域のパイオニアである安宅和人氏は、「世界のイノベーションの重心が中国に移動している」と言う。その真意を聞いた。

——デジタル分野をはじめ中国の技術進化の速さをどう見ますか。

中国はとにかくやばい。ここ2～3年、驚くようなサービスは米シリコンバレーではなく、ほとんど中国から生まれてきている。つまり中国をウォッチしないともう世界の最先端がわからない。中国はすでに「世界のイノベーションセンター」というのが私の見解だ。

例えば、中国で突然現れた今日頭条（ジンリートウ ティアオ）というニュースアプリは、中国最大のユーザー数を誇ったテンセントニュースをわずか8カ月で抜いた。この会社が3年ほど前に抱えていたデータサイエンティスト（データ分析科学者）は社員2500人のうち、なんと800人。人材の質が違うとはいえ、14年にグーグルに買収されたときのディープマインド（アルファ碁を開発した英国のAI企業）でさえ300人程度だから、どれほど飛び抜けた数かわかる。

新陳代謝もとにかく速い。シェア自転車のofo（オフォ）が成功したと思ったらすぐ沈む。もともとドッグイヤー（技術進化の速度を犬の成長の速さに例えた用語）だった業界の中で、さらに5倍速の〝ドラゴンイヤー〟になっている。異常なスピードで新陳代謝が行われていて、200を超すユニコーン企業が生まれている。

## ──数年前に転換点があった?

2016年が1つの歴史的な節目だった。日本ではあまり騒がれなかったが、実はこの年に中国は科学技術論文数で米国を抜き世界トップになっている。ハイインパクト論文数でも米国に次ぐ2位だ。これは米科学財団の National Science Foundation による調査結果で、中国政府が勝手に宣伝している数字ではない。

## ──中国のBATは米国のGAFAのコピーという見方もあります。

グレートファイアウォール(中国政府によるネット検閲システム)でグーグルやフェイスブックが入れない市場にして、同じことを自分たちでできるようにしたのが中国のいちばん巨大な産業政策だった。

でも私の感覚では、BATがコピーする時代はとっくに終わっている。インフラとなるクラウド市場はアマゾンがリードし、それにアリババが対抗する形だが、サービスレイヤーではアマゾンすら仕掛けないニューリテール戦略やモバイル決済、信用スコアリングなどに果敢に挑戦し、相当の成果を出している。百度(バイドゥ)地図はあれだけよくできたグーグルマップを半ば超えて生活圏ポータル化している。

まだGAFAが明確に上だというところがあるとしたら、スケール(規模)だけ。本当に最新のイノベーションを知りたかったら、中国のものを見ざるをえない。

（聞き手・秦　卓弥）

安宅和人（あたか・かずと）
東京大学大学院修了後、マッキンゼー・アンド・カンパニー入社。２００１年、米イェール大学でＰｈ・Ｄ・取得（脳神経科学）。０８年ヤフー入社、１２年７月からＣＳＯ。１６年慶応大学特任教授就任、１８年９月から現職。

## 〝独角獣(ユニコーン)〟100強を大解剖

評価額1000億円以上の未上場新興企業を、幻の生き物に例えて〝ユニコーン〟(中国語で「独角獣」)と呼ぶ。日本ではプリファード・ネットワークスなど数社しかないとされるが、起業が盛んな中国には200社以上がひしめく。淘汰されても次々に生まれるユニコーンの存在は、驚異的な速さで技術革新を遂げる中国のニューエコノミーの原動力だ。

本誌は中国の有力民間調査機関・胡潤研究院の協力を得て、2019年3月末時点のユニコーン企業202社の最新データを集計した。中国ユニコーンの特徴と分布を都市別に紹介したい。

中国のイノベーション都市といえば、近年は深圳のイメージが強いが、ユニコーンの企業価値ベースで見ると全体の8%にすぎない。首都・北京が40%と断トツで、長江デルタ地域の杭州と上海がそれぞれ25%、16%と、中国のユニコーン企業は珠江デルタ地域を含む3大都市圏に集中していることがわかる。

82社ものユニコーンを擁する北京には、動画共有アプリ「TikTok」やニュースアプリ「今日頭条（ジンリー トウ ティアオ）」を開発した字節跳動（バイトダンス）や、配車最大手の滴滴出行（DiDi）など3000億～1兆元（約4・5兆～15兆円）級の規格外なスーパーユニコーンが本拠を置く。バイトダンス最大のライバルでテンセント系の快手も北京が本拠、ショート動画市場で熾烈な競争を繰り広げている。

北京では清華大学や北京大学など世界的な有力大学が優秀な理系人材を輩出。中国のシリコンバレーとも呼ばれる大学付近の中関村にはインキュベーション施設が整備され、産学連携の研究拠点となっている。中でも近年はAIスタートアップの発展が目覚ましい。

顔認証ソフト「Face++」を開発する曠視科技（メグビー）は、清華大学出身の印奇（インチー）氏が大学の同級生2人と立ち上げた。政府の監視システムにも導入されるなど実績豊富で、近くIPO（新規株式公開）を予定している。地平線機器人（ホライズンロボティクス）は、百度（バイドゥ）のディープラーニング研究所設立者である余凱氏が15年に創立したAIの研究集団。AIソフトウェアや半導体チップを開発し、とくに自動運転向けでは米エヌビディアを猛追している。中国科学院傘下の寒武紀科技（カンブリコン）は、18年に国内初となるクラウドAIチップの開発に成功した。

## 平安保険、アリババ系も

北京に次いでユニコーン企業を輩出しているのが、上海、杭州、南京を含む長江デルタ地域だ。

上海は個人間融資プラットフォームの陸金所（Lufax）や、金融機関向けにフィンテッククラウドサービスを提供する金融壹帳通（ワンコネクト）、医療プラットフォームを手がける平安医保科技など中国平安保険系のユニコーンが上位を独占する。平安保険は深圳が本社の企業だが、フィンテックやヘルスケアサービスの主な顧客は上海に集中しているため、3社は本拠を上海に置いている。国際金融都市ならではといえる。

アリババグループが本拠を置く杭州は、同社傘下の事業会社が多い。電子決済サービス「アリペイ」などを運営するアントフィナンシャルは、企業価値で1兆元(約15兆円)以上と断トツ。アリババの物流プラットフォーム事業を請け負う菜鳥網絡(ツァイニャオ)は、13年設立。外部の物流企業をシステムで統合し、急拡大が続くECの配送を効率化している。このほかアリババは傘下のファンドを使って、有力スタートアップに対する出資・買収を積極的に行うなど、杭州で独自の「アリババ生態圏」を築いている。DiDiの創業者である程維氏も元アリババ社員だ。OBがスピンアウトして誕生したユニコーンは中国全土に広がる。

深圳は電子部品などを小ロットで早く、しかも安価に調達できる、製造業のサプライチェーンと起業エコシステムがバランスよくそろう。ハードウェアスタートアップの聖地と呼べる都市だ。トライアル&エラーを繰り返して新製品を開発できるスピード感が最大の強みで、ドローン世界シェア7割の大疆創新（ＤＪＩ）や、ファーウェイに先駆けて世界初の折り畳み式スマートフォンを開発・販売した柔宇科技など有力メーカーが本社を置く。若い起業家たちが成功を夢見て深圳を訪れる。

次表には、２０２社の中から企業価値が１００億元（約１５００億円）を超えるユニコーン１０９社を一覧で掲載した。

# これが中国の100強ユニコーン企業だ［2019年 最新ランキング］

| 順位 | 企業名 | 企業価値（億元） | 拠点都市 | 業種 |
|---|---|---|---|---|
| 1 | アント フィナンシャル | 10,000以上 | 杭州 | フィンテック |
| 2 | バイトダンス | 5,000〜10,000 | 北京 | 文化娯楽 |
| 3 | 滴滴出行 | 3,000〜5000 | 北京 | ITサービス |
| 4 | 陸金所（Lufax） | 2,500〜3,000 | 上海 | フィンテック |
| 5 | 微衆銀行（WeBank） | 1,500〜2,000 | 深圳 | フィンテック |
| 6 | 菜鳥網絡 | | 杭州 | 物流 |
| 7 | DJI | 1,000〜1,500 | 深圳 | ロボット |
| 8 | 京東数科 | | 北京 | ITサービス |
| 9 | 快手 | | 北京 | 文化娯楽 |
| 10 | 京東物流 | 800〜1,000 | 北京 | 物流 |
| 11 | 貝殻找房 | 600〜800 | 天津 | 不動産 |
| 12 | 車好多 | | 北京 | ITサービス |
| 13 | ビットメイン | | 北京 | ブロックチェーン |
| 14 | 金融壹帳通 | | 上海 | フィンテック |
| 15 | 美菜網 | 500〜600 | 北京 | EC |
| 16 | 平安医保科技 | | 上海 | ヘルスケア |
| 17 | 蘇寧金服 | | 南京 | フィンテック |
| 18 | 満幇 | | 南京、貴陽 | 物流 |
| 19 | センスタイム | | 北京 | AI |
| 20 | 神州優車 | 400〜500 | 天津 | ITサービス |
| 21 | 威馬汽車 | | 上海 | モビリティ |
| 22 | 微医 | | 杭州 | ヘルスケア |
| 23 | 達達-京東到家 | | 上海 | 物流 |
| 24 | 聯影医療 | | 上海 | ヘルスケア |
| 25 | 柔宇科技 | 300〜400 | 深圳 | 次世代ハードウェア |
| 26 | 小鵬汽車 | | 広州 | モビリティ |
| 27 | 優必選 | | 深圳 | ロボット |
| 28 | 360企業安全 | | 北京 | ITサービス |
| 29 | VIPKID | | 北京 | 教育 |
| 30 | 博納影業 | | 北京 | 文化娯楽 |
| 31 | 大地影院 | | 深圳 | 文化娯楽 |
| 32 | 大搜車 | | 北京 | ITサービス |
| 33 | 地平線機器人 | | 北京 | AI |
| 34 | 闘魚 | | 武漢 | 文化娯楽 |
| 35 | 度小満金融 | | 北京 | フィンテック |
| 36 | 復宏漢霖 | | 上海 | ヘルスケア |
| 37 | 滙通達 | | 南京 | EC |
| 38 | 跨越速運 | | 深圳 | 物流 |
| 39 | メグビー | | 北京 | AI |
| 40 | 毎日優鮮 | 200〜300 | 北京 | EC |
| 41 | 奇点汽車 | | 北京 | モビリティ |
| 42 | 喜馬拉雅 | | 上海 | 文化娯楽 |
| 43 | 小紅書 | | 上海 | EC |
| 44 | 一下科技 | | 北京 | ITサービス |
| 45 | 易果生鮮 | | 上海 | EC |
| 46 | 銀聯商務 | | 上海 | フィンテック |
| 47 | 優客工場 | | 北京 | ITサービス |
| 48 | 遊侠汽車 | | 上海 | モビリティ |
| 49 | 猿輔導 | | 北京 | 教育 |
| 50 | 雲従科技 | | 広州 | AI |
| 51 | 自如 | | 北京 | ITサービス |
| 52 | 作業幇 | | 北京 | 教育 |
| 53 | PingPong | 150〜200 | 杭州 | フィンテック |
| 54 | 蝶星 | | 上海 | 文化娯楽 |

| 順位 | 企業名 | 企業価値（億元） | 拠点都市 | 業種 |
|---|---|---|---|---|
| 55 | ハローバイク | 150～200 | 上海 | ITサービス |
| 56 | 寒武紀科技 | | 北京 | 次世代ハードウェア |
| 57 | 合全薬業 | | 上海 | ヘルスケア |
| 58 | 嘉楠耘智 | | 杭州 | ブロックチェーン |
| 59 | 名創優品 | | 広州 | ニューリテール |
| 60 | ラッキンコーヒー | | 北京 | ニューリテール |
| 61 | 蘇寧体育 | | 南京 | 文化娯楽 |
| 62 | 淘票票 | | 杭州 | ITサービス |
| 63 | 知乎 | | 北京 | ITサービス |
| 64 | APUS | 100～150 | 北京 | ITサービス |
| 65 | SheIn | | 深圳 | EC |
| 66 | 愛馳汽車 | | 上海 | モビリティ |
| 67 | 愛回収 | | 上海 | ITサービス |
| 68 | Byton | | 南京 | モビリティ |
| 69 | 曹操専車 | | 杭州 | ITサービス |
| 70 | 車和家 | | 北京 | モビリティ |
| 71 | 蛋殻公寓 | | 北京 | 不動産 |
| 72 | 甘李薬業 | | 北京 | ヘルスケア |
| 73 | 高頓 | | 上海 | 教育 |
| 74 | 孩子王 | | 南京 | EC |
| 75 | 恵民網 | | 北京 | EC |
| 76 | 界面 | | 上海 | 文化娯楽 |
| 77 | 金山雲 | | 北京 | ビッグデータ／クラウド |
| 78 | 開沃汽車 | | 南京 | モビリティ |
| 79 | Lakala | | 北京 | フィンテック |
| 80 | 驢媽媽 | | 上海 | ITサービス |
| 81 | 馬蜂窩 | | 北京 | ITサービス |
| 82 | Mango TV | | 長沙 | 文化娯楽 |
| 83 | 蜜芽 | | 北京 | EC |
| 84 | 魔方公寓 | | 上海 | 不動産 |
| 85 | 納恩博 | | 天津 | 次世代ハードウェア |
| 86 | 盤石 | | 杭州 | ビッグデータ／クラウド |
| 87 | 全棉時代 | | 深圳 | ヘルスケア |
| 88 | 日日順 | | 青島 | 物流 |
| 89 | 軟通動力 | | 北京 | ITサービス |
| 90 | 天際汽車 | | 紹興 | モビリティ |
| 91 | 天下秀 | | 北京 | ITサービス |
| 92 | 途虎養車 | | 上海 | ITサービス |
| 93 | 途家網 | | 北京 | ITサービス |
| 94 | 涂鴉智能 | | 杭州 | AI |
| 95 | 土巴兎 | | 深圳 | ITサービス |
| 96 | 網易雲音楽 | | 杭州 | 文化娯楽 |
| 97 | 微店 | | 北京 | EC |
| 98 | 微鯨 | | 上海 | 次世代ハードウェア |
| 99 | 小馬智行 | | 北京 | AI |
| 100 | 小猪短租 | | 北京 | 不動産 |
| 101 | 新潮伝媒 | | 成都 | 文化娯楽 |
| 102 | 信達生物 | | 蘇州 | ヘルスケア |
| 103 | 薬明明碼 | | 上海 | ヘルスケア |
| 104 | 依図科技 | | 上海 | AI |
| 105 | 英雄互娯 | | 北京 | ゲーム |
| 106 | 影譜科技 | | 北京 | AI |
| 107 | 悦暢科技 | | 北京 | モビリティ |
| 108 | 找鋼網 | | 上海 | EC |
| 109 | 猪八戒網 | | 重慶 | ITサービス |

（注）中国大陸、香港、マカオ、台湾を含む中華圏の新興未上場企業でデータを集計可能な1600社が調査対象。そのうち、企業価値が70億元（≒10億ドル）以上の企業をユニコーン企業として選定。全202社のうち企業価値が100億元以上の109社を表に掲載。2019年3月末を期限とした調査のため、その後、上場した企業も含まれている。1元は約15円、0.14ドル
（出所）胡潤研究院「2019一季度胡潤大中華区独角獣指数」

業種別でみると、配車などのシェアリングサービスやプラットフォームを提供するＩＴサービスが最多で、次いで動画や音楽サービスなどの文化娯楽、ＥＣと続く。こうした分野は同質化の流れも激しいが、中にはユニークな事業を手がける企業もある。

その１つが、成都に本社を置く新潮伝媒（シンチャオ）。同社は中国全土の１００都市、７０万超のエレベーター向けにスマート画面を設置するデジタル広告事業が主力だ。近年、中国ではエレベーターのディスプレーが主流の広告媒体になっており、１９年８月には京東商城（JD.com）を中心に大型の資金調達に成功している。競合企業にはアリババが出資するなど、縄張り争いが激しくなっている。

ニューリテールでは、雑貨・玩具などを販売する広州の名創優品（MINISO）が勢いを増している。以前はダイソーや無印良品の模倣ではないかと日本でも話題になったが、その後、デザイン性と低価格を両立し、今や欧州、ロシア、インド、アフリカなど全世界に３６００店舗以上を出店。１８年９月にはテンセントなどからの資金調達に成功。ＩＰＯが取りざたされるなど、マーケットの注目を集めている。

中国のユニコーン企業と日本の大手企業が連携する動きも活発だ。１９年８月、自動運転ユニコーン・小馬智行（Pony.ai）は自動運転分野でトヨタ自動車との提携を発表。７月に上場を果たしたライブ配信大手の闘魚（douyu）は三井物産と合弁会社を設立、１９年秋から日本でｅスポーツの動画配信事業を始める。民泊最大手の途家網（TUJIA）は１７年に楽天と提携。訪日中国人客向け民泊物件を共有するなど、米エアビーアンドビーに対抗する形だ。

足元は元ユニコーンの株価がＩＰＯ後、大幅に下落するなどバブル崩壊の兆候も出てきているものの、より実力があるスタートアップに資金が集中する契機にもなっている。この中から、中国経済を牽引する次のＢＡＴが出てくるかもしれない。

（秦　卓弥）

# 中国を動かす10人のイノベーター

元英語教師、農村出身の億万長者、投資銀行出身者、軍人上がりなど、経歴は十人十色だ。

## アリババ創業者　馬　雲（ジャック マー）

### デジタル時代を開拓したカリスマの夢は終わらない

あのカリスマ経営者が惜しまれながら去った。創業20周年の19年9月10日、アリババグループ創業者のジャック マー会長が引退。ECの「淘宝（タオバオ）網」や決済アプリ「アリペイ」、信用スコアリング「芝麻信用」など次々に革新的な仕組みを創り、中国のデジタル時代を切り開いた。地元杭州で開いた引退イベントでは、ド派手なロックスター姿で登場。「アリババは私のいくつもある夢の1つにすぎない」と社員に語った。元英語教師である彼の最大の関心は教育活動。第二の人生で後進を育てる。

Ma Yun
1964年浙江省出身。英語教師などを経て、1999年にアリババ創業。2019年に会長職を引退。

## テンセント創業者　馬　化騰（ポニー　マー）

### 合理主義なもう1人の馬

テンセントCEOのポニー　マーは深圳大学卒で、校友会主席にも選ばれたエリート肌。「成功したい者は何よりもリスク回避を」「人物評価は数字でする」が口癖だ。

ジャック・マーと対照的な合理主義でSNS帝国を盤石にする。

Ma Huateng

1971年生まれ。98年テンセント創業。爆発的に普及したメッセンジャーソフトを開発。

## DiDi総裁　柳　青

### 完璧すぎるエリート女性

ソフトバンクも出資する配車大手の滴滴出行（DiDi）。気鋭のユニコーン企業で総裁を務める柳青は、北京大学やハーバード大学大学院で学んだ。大学院修了後にゴールドマン・サックスに入社、異例のスピード出世でアジア太平洋地区最年少の執行役員になった。2014年にDiDiに参画すると、半年余りで総裁に抜擢された。そんな彼女の父親はパソコン大手レノボの創業者の柳博志。だが実力で現在の地位を得た柳青は、メディアの取材で父の名前を出されるのを好まないという。

Liu Qing
1978年北京生まれ。ゴールドマン・サックスを経て、DiDi入社。2015年から現職。

## バイトダンス創業者　張 一鳴（チャン イーミン）

### 36歳、AIの俊英

日本でも大流行の動画アプリTikTok（ティックトック）を開発するバイトダンス。その正体は最先端AIを駆使するテック企業だが、創業者の張一鳴は「ロマンを与える会社」と語る。視察に訪れたアップルのティム・クック氏とも意気投合。

Zhang Yiming
1983年福建省出身。12年にバイトダンス創業。若きITビリオネアとしても有名。

## NIO創業者　李 斌（ウィリアム リー）

## 中国のイーロン・マスク

新興EVメーカー、NIOを率いる李斌。大言壮語してテンセントなどから資金調達する姿は、さながら中国のイーロン・マスクだ。目下は発火事故で前途多難だが、「私の最強の武器は崖っぷちからはい上がる力だ」と豪語する。

Li Bin
1974年安徽省出身。自動車情報サイト「易車」創業を経て、2014年にNIO設立。

## DJI創業者　汪 滔（フランク ワン）

### 深圳メイカーズの寵児

反「996」運動で長時間労働が問題視される中国で、ドローン最大手DJIの創業者、汪滔は深夜0時に社員を電話で呼び出す。だが「私は完璧主義者。人間関係の悪化がなんだ」と悪びれない。猛烈な社風こそDJIの強みなのだ。

Wang Tao

1980年浙江省出身。香港科技大学卒業。2006年、深圳のアパートの一室でDJI創業。

## 恒大集団董事長　許　家印（シュー　ジアイン）

### 農村から来た不動産王

不動産大手の恒大集団トップ、許家印の人生は「中国の夢」そのものだ。河南省の農村出身で幼少期はボロボロの服をまとっていたが、集合住宅の開発で成功を収め、不動産王にのし上がった。広州の強豪サッカークラブも経営。

Xu Jiayin

1958年河南省出身。96年に恒大集団を設立。長者番付でジャック・マーに並ぶ大富豪。

## シャオミ創業者　雷　軍（レイ　ジュン）

### アジアのスマホ覇者

スマホ大手、シャオミ創業者の雷軍。近年はスーツ姿を好むが、かつてはアップルの故スティーブ・ジョブズ氏をまねた黒いTシャツ姿で製品発表会に登場した。いまやシャオミのスマホは、インドや中国市場でアップルをしのぐ。

Lei Jun

1969年湖北省出身。2010年にシャオミ創業。エンジェル投資家としても活動。

## ラッキンコーヒーCEO　銭 治亜（チエン ジーヤー）

### 打倒スタバの珈琲女王（コーヒークイーン）

「中国にスターバックスしかないのは非合理だ」。銭治亜が創業したラッキンコーヒーは、設立2年で3000店超と爆発的に増えた。珈琲女王の前職は配車大手、神州優車のCOO。古巣からの資金・人材支援が急成長の原動力だ。

Qian Zhiya

1976年生まれ。神州優車のCOO（最高執行責任者）を経て、2017年にラッキンコーヒー創業。

## ファーウェイCEO　任 正非（レン ジェンフェイ）

### 軍人上がりの冷徹な経営者

米中貿易摩擦の主役ともいえる中国最大のスマホメーカー、ファーウェイの創業者である任正非。人民解放軍の工兵隊にいたことから、西側メディアからは軍との関係を指摘される。任の愛読書は『毛沢東選集』、軍隊的な組織風土でファーウェイを世界最強の通信機器メーカーに育てた。カナダで逮捕され保釈中の娘の孟晩舟（メンワンツォウ）はファーウェイの受付嬢からキャリアを開始。2011年のCFO（最高財務責任者）就任まで任氏は親子関係を一切伏せていた。

Ren Zhengfei

1944年貴州省出身。人民解放軍の除隊後、87年にファーウェイ創業。日本の演歌が好き。

（若泉もえな）

【週刊東洋経済】

本書は、東洋経済新報社『週刊東洋経済』2019年10月5日号より抜粋、加筆修正のうえ制作しています。この記事が完全収録された底本をはじめ、雑誌バックナンバーは小社ホームページからもお求めいただけます。

小社では、『週刊東洋経済eビジネス新書』シリーズをはじめ、このほかにも多数の電子書籍ラインナップをそろえております。ぜひストアにて「東洋経済」で検索してみてください。

『週刊東洋経済eビジネス新書』シリーズ

No.297 最強の通勤電車

No.298 地方反撃

No.299 東証1部 上場基準厳格化の衝撃

No.300 狂乱キャッシュレス

No.301 ファーウェイの真実（上巻）米国の「制裁」はこれからが本番だ

No.302　ファーウェイの真実（中巻）紅いピラミッドに組み込まれた日本
No.303　ファーウェイの真実（下巻）半導体と知的財産への飽くなき渇望
No.304　自動車　乱気流
No.305　不動産バブル　崩壊前夜
No.306　ドンキの正体
No.307　世界のエリートはなぜ哲学を学ぶのか
No.308　AI時代に食える仕事・食えない仕事
No.309　先端医療ベンチャー
No.310　最強私学　早稲田 vs. 慶応
No.311　脱炭素経営
No.312　5G革命
No.313　クスリの大罪
No.314　お金の教科書
No.315　銀行員の岐路

No.316　中国が仕掛ける大学バトル
No.317　沸騰！再開発最前線
No.318　ソニーに学べ
No.319　老後資金の設計書
No.320　子ども本位の中高一貫校選び
No.321　定年後も稼ぐ力
No.322　ハワイvs.沖縄　リゾートの条件
No.323　相続の最新ルール
No.324　お墓とお寺のイロハ
No.325　マネー殺到！　期待のベンチャー
No.326　かんぽの闇　保険・投信の落とし穴

週刊東洋経済eビジネス新書　No.327
中国　危うい超大国

【本誌（底本）】
編集局　西村豪太、秦　卓弥、中山一貴、若泉もえな、劉　彦甫
デザイン　池田　梢
進行管理　三隅多香子
発行日　2019年10月5日

【電子版】
編集制作　塚田由紀夫、長谷川　隆
デザイン　大村善久
制作協力　丸井工文社
発行日　2020年3月2日　Ver.1

発行所　〒103-8345
東京都中央区日本橋本石町1-2-1
東洋経済新報社
電話　東洋経済コールセンター
03（6386）1040
https://toyokeizai.net/
発行人　駒橋憲一
©Toyo Keizai, Inc., 2020

電子書籍化に際しては、仕様上の都合などにより適宜編集を加えています。登場人物に関する情報、価格、為替レートなどは、特に記載のない限り底本編集当時のものです。一部の漢字を簡易慣用字体やかなで表記している場合があります。本書は縦書きでレイアウトしています。ご覧になる機種により表示に差が生じることがあります。

本書に掲載している記事、写真、図表、データ等は、著作権法や不正競争防止法をはじめとする各種法律で保護されています。当社の許諾を得ることなく、本誌の全部または一部を、複製、翻案、公衆送信する等の利用はできません。

もしこれらに違反した場合、たとえそれが軽微な利用であったとしても、当社の利益を不当に害する行為として損害賠償その他の法的措置を講ずることがありますのでご注意ください。本誌の利用をご希望の場合は、事前に当社（TEL：03-6386-1040もしくは当社ホームページの「転載申請入力フォーム」）までお問い合わせください。

※本刊行物は、電子書籍版に基づいてプリントオンデマンド版として作成されたものです。